Para

_____

De

_____

Fecha

_____

El Mundo de Los Espíritus

Apóstol Dr. Mario H. Rivera

&

Pastora Luz Rivera

**Publicado por
LAC Publications
Derechos reservados**

© 2019 LAC Publication (Spanish Edition)
Primera Edición 2019
© 2019 Mario H. Rivera y Luz Rivera
Todos los derechos reservados.

ISBN: 978-0-578-56305-3

© **Mario H. Rivera y Luz Rivera
Reservados todos los derechos**

Ninguna porción ni parte de esta obra se puede reproducir, ni guardar en un sistema de almacenamiento de información, ni transmitir en ninguna forma por ningún medio (electrónico, mecánico, de fotocopias, grabación, etc.) sin el permiso previo de los editores. La única excepción es en breves citas en reseñas impresas.

Diseño de la portado: Juan Luque

Impreso en USA (Printed in USA)
Categoría: Guerra Espiritual

Índice

1 Capítulo

Estructuras Espirituales

- El Mundo de Los Espíritus
- Los Planos Existenciales
- Las Estructuras del Mundo Espiritual
- Los Principios para La Efectividad
- El Por qué del Régimen de Los Derechos
- ¿Por qué existen las Leyes de Dios?
- Las Gestiones Jurídicas del Mundo Espiritual
- Trámites Espirituales
- La Dimensión de las Autorizaciones
- Cosmogonía y Cosmovisión
- Las 3 Eras o Ayones
- Panorama de Las Familias de Los Cielos

2 Capítulo

La Historia del Cielo Cambió por Una Creatura

- La Voluntad del Querubín
- La Naturaleza Original del Querubín
- La Destitución del Querubín
- Las Contrataciones del Querubín
- El Origen de La Guerra Espiritual
- El Diseño de La Guerra Espiritual
- Escenarios de La Guerra Espiritual
- El Campo de La Batalla

3   Capítulo

Las Liberaciones Espirituales

- Liberación, Libre y Libertad
- Las Liberaciones Espirituales
- Las 6 Razones de Intervenciones Jurídicas
- Las Cosas Atraen a Las Tinieblas
- Apetitos que Activan Demonios
- Lo que Persiguen Los Demonios
- El Alimento del Esclavo
- La Alteración Bioquímica

4 **Capítulo**

La Raíz de La Demonología

- La Demonología en El Tiempo Final
- Las 5 Religiones más Grandes y sus Creencias respecto a Satanás
- Potestad Principal en El Judaísmo
- El Significado de Lilith
- La Entrada de Satanás al Mundo
- Las Menciones del Nombre de Satanás
- Las Estructuras del Mundo de La Angelología
- La Cosmovisión de Los 5 Mundos

5 **Capítulo**

El Origen del Mundo de Las Tinieblas

- Tiempos de Rebelión Angelical
- El Discernimiento de Los Ángeles
- Los Orígenes de Los Demonios
- El Discernimiento de Los Demonios
- Modus Operandi de Los Demonios
- El Campo de Batalla
- La Naturaleza de Los Demonios
- El Discernimiento de Los Espíritus Inmundos

6 Capítulo

Equipos de Liberación

- ¿Qué es un Cadete?
- ¿Por qué es Necesario El Entrenamiento?
- Los Equipos de Acción y Reacción
- La Vulnerabilidad del Combatiente
- El Arsenal de Satanás
- La Estrategia de Las Mentiras

7 Capítulo

Los Escenarios de Liberación

- Las Batallas del Alma
- El Campo de Batalla
- El Cerebro de la Mujer y del Hombre
- El Mundo Espiritual, Receptores, Emisores y Vectores
- Espíritus Íncubos y Súcubos
- Las Posesiones Demoníacas de Animales

INTRODUCCIÓN

Parecería increíble que viviendo en pleno siglo XXI aún exista gente que niega la existencia del mundo espiritual, consecuentemente no aceptan el hecho de una vida después de lo que pueden ver con sus ojos naturales; sin embargo, no por eso el mundo espiritual dejará de existir o seguir evolucionando como lo hace el mundo físico o natural; razón por la cual es imperante que avances en el conocimiento que Dios está permitiendo hoy con el propósito que, al alcanzar ese conocimiento y haga sinergia con el discernimiento que el Señor esté permitiendo en tu vida, no seas engañado en ningún momento para no participar de una rebelión satánica.

De este último punto, debes saber que cuando Luzbel decide rebelarse y pasar entonces a ser lo que hoy es, o sea Satanás; no fue él quien encabezó la primera rebelión que surgía en el mundo espiritual; antes que pretendiera en su corazón llegar a ser como el Altísimo (**Isaías 14:13-14**); hubo otras rebeliones que de algún modo puedo decir que dejaron un ambiente de rebelión y en él una especie de vectores de su clase, emisores que harían sinergia precisamente en el corazón del que tuviera un receptor apto para lo que se había quedado en el ambiente y que conforme transcurriera el tiempo, si lo consentían en su corazón, maduraría para participar posteriormente de la rebelión luciferina, aunque la misma Biblia dice que falta que caigan otros ángeles, podría decir que los que cayeron en aquel entonces fueron los contaminables de forma inmediata, los que estaban con mayor sed de poder y autoridad que no les correspondía en ningún momento.

Partiendo de esa rebelión, Satanás empieza a trabajar en contra de las creaciones de Dios en pos de realizar contrataciones para que apoyaran su causa, eso dio lugar a que hubieran estructuras espirituales, solamente para mencionar un ejemplo puedo citar **Efesios 6:12** cuando menciona principados, gobernadores, autoridades, huestes; incluso en la versión de la **Biblia Amplificada**, dice que son espíritus maestros de las tinieblas, por lo tanto las estructuras que Satanás organizó, no están realizando prácticas de maldad para graduarse como tal; son maestros de maldad, entidades que han estado batallando en el mundo espiritual y que llevan por delante mucha experiencia en lo que hacen, diría que por miles de años.

Obviamente no estoy magnificando lo que las tinieblas hayan hecho, tengan o puedan hacer porque en todo caso, **JEHOVÁ ES VARÓN DE GUERRA TODOPODEROSO**, además, si Satanás es el príncipe de las tinieblas, **tu Dios y mi Dios es Rey de Reyes y Señor de Señores**, nadie como El. Pero por supuesto, si Dios está permitiendo que alcances conocimiento acerca de cómo vencer al adversario para libertar de espíritus inmundos y demonios al que esté viviendo bajo esa esclavitud de tinieblas; debes aprender lo pertinente para ser un guerrero espiritual y tener siempre la disponibilidad para salir a la batalla en el momento en que seas requerido por Dios.

Recuerda que si Satanás se organizó para tener estructuras que tienen maestría de maldad, no son 2 o 3 espíritus, sino más bien, lo que dice el diccionario en relación a la palabra estructuras, específicamente cuando dice que son una **masa**, está haciendo referencia a que son seres con capacidad militar organizados estratégicamente para la batalla, eso es lo que significa la palabra masa, son seres que están vinculados entre sí, pero al enfocarlo a las tinieblas, están dedicados a la destrucción de las creaciones de Dios, principalmente cuando se habla de la Iglesia de Cristo.

Por eso debes conocer acerca de las leyes de Dios, no estoy diciendo que debas vivir bajo ley mosaica, hoy vives en la libertad de Dios, pero aun así debes saber que en la libertad hay una ley, por eso menciona la Biblia la ley de la libertad (**Santiago 1:25**), en caso contrario, si alguien vive sin ley, entonces es considerado como un inicuo. Ahora bien, **¿por qué hay leyes de Dios?**, por los considerandos, por los precedentes que existieron en la eternidad pasada cuando surgen las primeras rebeliones, cuando empiezan las creaciones a manifestar su falta de equilibrio al tener libre albedrío, ahí surgió la necesidad de que Dios establezca leyes; de tal manera que si alguien conoce del régimen jurídico de Dios, es Satanás, principalmente porque si violan esas leyes, son eliminados inmediatamente.

Por eso es necesario que puedas estar debidamente equipado para que no seas engañado por el enemigo, porque en ningún momento dudará en acusarte delante de una corte celestial para que Dios apruebe lo que Satanás quiera hacer contra ti por lo que hayas fallado delante de Dios; quizá por la falta de conocimiento cometiste un pecado, pero realmente la Biblia también dice que Su pueblo es llevado cautivo por falta de conocimiento (**Oseas 4:6**). Es por eso que en guerra espiritual debes tener claro los principios para una buena efectividad, saber plenamente que haces determinado acto pero con bases solidas bíblicas que tienen repercusión en el mundo espiritual y así ganarle terreno al adversario.

Por último, quiero hacer mención de los principios con los que opera Satanás y que permiten que sus ataques sean efectivos; considero de suma importancia sean de tu conocimiento, aunque no es lo único que debes conocer y saber, pero creo que es parte de una buena base para no cederle espacio al enemigo de forma deliberada, en cierto modo es como descubrir su esquema base de ataque el cual quedará invalidado una vez que logras descifrarlo espiritualmente: **1) actúa con base jurídica, 2) está estructurado, 3) tiene niveles o jerarquías, 4) actúa en forma cronológica, 5) sus ataques son cíclicos y 6) todo lo hace de forma progresiva.**

Te invito a que te introduzcas en el conocimiento de este libro que en el amor de Dios, ha sido estructurado de forma que puedas ser equipado adecuadamente para ser parte del ejército de Dios y que desde esta dimensión física, alcances poder en el nombre de Jesús para derrotar las obras infructuosas de las tinieblas.

Apóstol Mario Rivera.

ESTRUCTURAS ESPIRITUALES

Capítulo 1

Las Liberaciones Espirituales

Hablar acerca de un mundo que no puede verse con los ojos naturales, siempre ha sido algo difícil de aceptar por la humanidad, razón por la cual de pronto se encuentra en situaciones inexplicables porque su búsqueda de respuestas lógicas, está mal enfocada. Pero eso puedo decir que es en cuanto a una relación puramente del mundo; no así con la Iglesia de Cristo, no obstante de pronto parecería que aun dentro del pueblo de Dios surgen situaciones contradictorias por falta de conocimiento.

Esto mismo me ha llevado a recibir de parte de Dios en el espíritu, todo aquello que es concerniente al tema del mundo de los espíritus, con el propósito de no ser engañado por el enemigo, sino que pueda desenmascarar las obras infructuosas de las tinieblas, pero también con la responsabilidad de poder enseñarte lo que Dios me permite aprender, con el propósito que seas integrante de Su ejército; hombres y mujeres formados como un verdadero guerrero dimensional debidamente equipado y preparado, como lo enseñé en mi libro anterior: **La Palestra Del Guerrero Dimensional.**

Por esa misma razón, he considerado de suma importancia que en este primer capítulo enseñe los orígenes de la creación a lo cual se le conoce como **EL MUNDO ESPIRITUAL**, con el propósito de tener la base de lo que aprenderás a lo largo de este libro; consecuentemente enseñaré acerca de las primeras rebeliones de entidades espirituales; nota que estoy diciendo claramente, **PRIMERAS REBELIONES**, porque debes saber que no fue una sola, aunque para que llegaran a ser varias, obviamente tuvo que haber un inicio, pero para que todo se manifestara como tal, dentro de lo que podría decir que fue la organización, tuvo que haber varias rebeliones que se situaron entonces como las primeras.

Partiendo de ahí, poder ver entonces el significado, origen o raíz de la demonología, término que estaré utilizando por lo cual es de suma importancia que lo puedas aprender, además porque es donde se encuentra parte de lo que son las estructuras espirituales dentro del reino de las tinieblas.

LO IMPORTANTE DEL TEMA

Cuando hablo de **Estructuras Espirituales** o del **Mundo de los Espíritus**, estoy refiriéndome a poder tener una óptica acerca de su establecimiento en cuanto a lo siguiente:

- En tiempo.
- En orden.
- En relación a las conexiones.
- De las funciones originales de las entidades espirituales.

Básicamente puedo decir entonces que eso es lo que significa: **ESTRUCTURAS ESPIRITUALES**. Quiero hacer énfasis a que, si son estructuras, es porque están debidamente conectados unos con otros, sin embargo cada potestad tiene una función especifica que se puede potencializar precisamente al pertenecer a una estructura, aunque todo en conjunto obedecen a una cabeza principal que los comanda y que sabe cómo está integrada determinada estructura, me refiero a Satanás.

El Mundo de Los Espíritus

Es necesario saber entonces que dentro del mundo de los espíritus, hay por lo menos 3 facetas que desarrollaré y enseñaré con el propósito que puedas conocer el concepto de cada una de ellas, obviamente bajo la perspectiva bíblica:

1. **Las estructuras del mundo espiritual.**

2. **La cosmogonía y cosmovisión del mundo de los espíritus.**

3. **La realidad del mundo invisible y las intenciones.**

BASE BÍBLICA

Génesis 2:1 (LBA) Así fueron acabados los cielos y la tierra y todas sus huestes.

En este versículo puedo decir que es como, las palabras de conclusión de la obra creadora que establece los planos existenciales y el orden en que Dios decidió crear; obviamente que esto pertenece al segundo capítulo de la Biblia, son conclusiones de lo que sucedió en el primer capítulo del libro de Génesis.

LOS PLANOS EXISTENCIALES

Pero entonces, una vez que se han mencionado las palabras: **CIELOS, TIERRA Y HUESTES**, debes verlos como planos existenciales porque cada uno tiene una razón de ser:

1. **Cielos:** dimensión cielos y lo que ahí existe o habita.

2. **Tierra:** dimensión tierra y lo que ahí existe o habita; obviamente me refiero a la humanidad, animales, etc., aunque también incursiones de entidades que habitan a través del cuerpo, porque siendo espíritus son invisibles y no están legalmente autorizados para habitar, a menos que cumplan con la ley que rige esta dimensión, o sea, permanecer en un cuerpo físico.

3. **Huestes:** seres y sus funciones para los planos existenciales.

No puedes eliminar la idea que existen entidades de un plano celestial, terrenal y aun donde están las huestes.

Las Estructuras

Comprender la razón de las estructuras espirituales, es reconocer los principios de la efectividad porque es como penetrar a la organización del mundo espiritual; es la razón por la cual debes aprender este punto, porque es donde verás algunos principios y al reconocerlos y considerarlos, automáticamente alcanzarás la efectividad a lo que estás llamado en guerra espiritual y desarticular sus estructuras porque son principios que al aplicarlos, como ya lo mencioné, puedes ingresar a la organización del mundo espiritual en determinada zona.

¿Por qué digo esto? Recuerda que el hombre fuerte de una ciudad es el que organiza las estrategia y las asigna a las huestes de su estructura; por eso, para poder desarticular esa organización, primero se deben atacar a las entidades de menor jerarquía, en orden de debilitar la estructura del principado que tenga dominada aquella ciudad. Por eso, realizar guerra espiritual y pretender atacar primeramente el principado o la cabeza federal que comanda determinada estructura, es incorrecto, insisto, lo primero que debe atacarse es aquello en lo que se apoya para que al momento en que pretenda atacar o defenderse, esté totalmente debilitado.

LA ESTRUCTURA DEL MUNDO ESPIRITUAL

El mundo de los espíritu está estructurado como los huesos del cuerpo humano, **cada hueso tiene su función, conexión y coyuntura específica**, de ahí entonces el significado de estructura con quien está conectado y cómo funciona; entonces, si las tinieblas tienen conexiones y funciones específicas en sus operaciones, es porque Satanás no permite la división en su reino, aunque sabe la efectividad que puede alcanzar al operar para provocar división; de ahí entonces que al conocer su estructura, sabrás las funciones.

Quiero darme a entender muy ampliamente para que en ningún momento el enemigo pueda engañarte, de tal manera que pondré un ejemplo de la estructura del cuerpo humano en la forma de cómo funciona: el hueso que está en la punta de un dedo, es el delegado para poder tocar determinados objetos en general; sin embargo, para poder alcanzar su función, necesita de toda la conexión de huesos que tiene antes de él; obviamente que no estoy hablando a detalle porque se necesita de los tendones, nervios, etc., estoy refiriéndome específicamente a la estructura de los huesos; los que están en todo el camino para llegar al último hueso que será el encargado de poder tocar un objeto, saben que tiene una función indispensable para que se cumpla toda la actividad.

Lo mismo sucede con la estructura del mundo espiritual; las tinieblas saben que cada entidad tiene una función que deben cumplir para llevar a cabo su operación de error, de tal manera que están dispuestos a sacrificarse en todo momento para que en su unidad alcance el propósito de tinieblas que trabajan, y así en toda su dedicación.

Efesios 6:12 (Amplificada) Porque no estamos luchando con carne y sangre [luchando solo con oponentes físicos], sino contra los despotismos, contra los poderes, contra [**los espíritus maestros** que son] los gobernantes mundiales de esta oscuridad presente, contra las fuerzas espirituales de la maldad en la esfera celestial (sobrenatural).

Este versículo deja ver claramente que no son novatos en operación de maldad a la que se dedican, sino maestros con experiencia de miles de años incursionando en la Tierra; por eso es necesario que todo lo que llegue a tu vida en orden de guerra espiritual, si tiene fundamento bíblico, debes discernirlo y ponerlo en práctica si el Espíritu Santo te confirma en hacerlo de esa manera porque debes aprender mucho que aun desconocer, aun mi persona, con todo lo que hasta hoy recibido de parte de Dios, necesito avanzar más cada día de acuerdo a Sus propósitos para mi vida como Su siervo y así poder trasladarlo en pos de poderte equipar para los planes del Señor en tu vida.

DEFINICIÓN DE UNA ESTRUCTURA ESPIRITUAL

1. Son una masa de seres, según el Diccionario Strong, viene de un término hebreo que se pronuncia TSABA y su código es 6635, se traduce como huestes.
2. Son una masa de seres con capacidad militar.
3. Son una masa de seres con organización estratégica.

¿QUÉ ES MASA?

1. Es una agrupación numerosa de seres de la misma naturaleza, muy juntas y formando un cuerpo homogéneo y definido.

Cuando hablo de homogéneo, me refiero a que tiene su propio poder según el espíritu que sea por la jerarquía que tenga, pero llega otro que lo puede apoyar o respaldad, dicho en otras palabras, se potencializa el poder que lleva.

2. Es una magnitud que expresa la cantidad de un cuerpo, medida y fuerza con la que actúa.

Con esto lo que estoy haciendo es explicando la forma en que trabaja el mundo espiritual de las tinieblas y el por qué alcanzan éxito en determinados lugares, no estoy magnificando el poder de Satanás, sino más bien, desenmascarando su estructura para que sepas cómo trabaja; pero considero necesario enseñarte ampliamente la forma en que operan y que en el momento que vayas a la batalla, sea bajo una estrategia porque ningún espíritu de las tinieblas trabaja en forma individual o por sí mismo, siempre hay una estructura detrás de un ataque.

¿De qué te sirve saber esto?

Como ya lo mencioné varias veces, las tinieblas no atacan individualmente, lo hacen de forma estructurada; entonces, partiendo de eso, el éxito que desees, dependerá primeramente por la guianza que le permitas al Espíritu Santo en tu vida, consecuentemente comprender la estructura en que están basados los ataques de las tinieblas sobre una persona; de tal manera que si alguien llega a ministrar su alma y empieza diciendo que está sumido en tristeza, mal carácter, etc., debes saber que detrás de lo que se está manifestando, hay una estructura que necesitas desequilibrar hasta llegar a la raíz del problema, al punto donde puede haber una masa de seres trabajando para destruir a una persona.

OTROS EJEMPLOS DE

ESTRUCTURA ESPIRITUAL

A. Hablando en plural, en el idioma hebreo, la palabra Querubín y/o Cherubim, está dando la idea de varios ángeles protectores, entiéndase entonces, estructura de ángeles protectores.

B. El singular es: Querub y está dando la idea de un ángel protector.

A. Otro ejemplo que puedo citar es cuando me refiero al Arcángel Miguel, es como hablar de una estructura de ángeles militares.

B. La misma palabra Arcángel, es referirme al jefe de ángeles.

Los Principios para La Efectividad

Cuando me refiero a la efectividad que puedes alcanzar en guerra espiritual, debes saber claramente que esto viene por la guianza del Espíritu Santo y se basa en el conocimiento que adquieres por medio de equipamiento como el que hoy estás complementando juntamente a los anteriores, me refiero al equipamiento integral para combatientes de liberación que con este libro son 10 tomos por los cuales Dios te ha estado ministrando y que con esto seas de Su ejército como ya lo mencioné, sabiendo que si El te está equipando, es porque te usará como un elemento importante, porque por eso has estado en la palestra, quizá estuviste y regresaste ahí porque aun era necesario un ajuste en la preparación, pero todo es porque tienes un propósito definido en la poderosa mano de Dios cuando alza Su espada para la batalla.

Por eso no puedes dejar caer a tierra ni una sola de las palabras de Dios; si hoy estás leyendo, estudiando, dedicándole tiempo a este décimo libro de la serie que ya mencioné; es porque estás interesado en alcanzar ese nivel de guerrero dimensional, pero también es porque Dios puso en ti ese sentir que no debes permitir que disminuya, sino por el contrario, creer al llamamiento de Dios y estar en la mejor disposición de obedecer Su voz en el momento en que el Espíritu Santo te diga qué es lo que debes hacer, basado en toda Su enseñanza, ¿por qué lo digo?, porque eso dice la Biblia:

Zacarías 4:6 (SRV) Entonces respondió y haclóme, diciendo: Ésta es palabra de Jehová á Zorobabel, en que se dice: **No con ejército, ni con fuerza, sino con mi espíritu**, ha dicho Jehová de los ejércitos.

La efectividad de la guerra espiritual no es con espada ni ejercito, sino en el poder del Espíritu Santo, dicho en otras palabras, es basado en el conocimiento de la esfera espiritual que viene de El, por eso estoy hablando del mundo de los espíritus y del conocimiento que de Dios debes adquirir; en caso contrario podrías estar peleando una batalla con un ángel de Dios, creyendo que es un espíritu inmundo o peleando con un espíritu inmundo, creyendo que es un demonio o cualquier otra confusión derivada de la falta de conocimiento espiritual, con lo cual lo único que lograrías es alterar el enfoque de la guerra espiritual haciendo uso de decretos, incluso definiendo hacia dónde vas y equivocando cuál es tu lugar en la guerra.

Por consiguiente, todo eso te llevaría al desconocimiento de la cárcel espiritual específica en la que cada entidad, según su naturaleza, debe estar y es a donde debes enviarla cuando estás liberando a una persona o haciendo guerra espiritual, porque si quieres encarcelar a determinada potestad, necesitas saber cuál es la cárcel que la puede retener. Este último punto tendría que ampliarlo mucho más, sin embargo es parte de lo que aprenderás en el desarrollo de todo el libro, de momento estoy sentando las bases o principios, incluso situaciones que ya las he mencionado en los libros anteriores, las estoy mencionando brevemente y las describiré también más adelante, de momento este capítulo es para tener la base y posteriormente describirlo a detalle.

BASES PARA UNA BUENA EFECTIVIDAD

Cuando escribí el libro número 4 de la serie de equipamiento integral para combatientes de liberación, Dios me condujo para hablar acerca de la legalidad con la que llega Satanás en su faceta de acusador en una corte celestial; fue el momento cuando entonces titulé el libro: **El Régimen Jurídico De Los Derechos Espirituales**; ahí hablé ampliamente acerca de lo que voy a describir en esencia, porque también es necesario saber cuáles son las bases con las que el enemigo ataca y por qué Dios autoriza el permiso que solicita Satanás sobre la vida de un cristiano.

A continuación describiré 6 puntos que conforman las bases que hacen efectivo el ataque de Satanás en contra de una persona:

1.- BASE JURÍDICA

- El mundo espiritual opera bajo un régimen de derechos jurídicos para tener efectividad entre sus conexiones y operaciones específicas.

La ausencia de este conocimiento en un ministro de Dios, puede llevarlo a que en el momento que le presenten un caso de liberación de demonios o espíritus inmundos; actúe de inmediato sin antes haber indagado el por qué de aquella situación, por consiguiente tener consecuencias.

Por eso debes saber que hay mucha diferencia entre:

1. Salir a buscar al diablo para pelear con él.
2. Saber por qué el diablo está en determinado lugar con todo el derecho del caso.

Por eso es que en determinado momento puedes encontrarte con demasiada resistencia de parte del enemigo, porque tiene los derechos que le cedieron. Por eso es sumamente necesario que cuando se ministra el alma de alguien; esa persona debe ser lo más transparente posible, sincerarse en todo lo que haya hecho para saber contra qué puedes estar batallando.

Puedo decir con toda certeza entonces que las tinieblas no pueden ejercer ningún tipo de derecho sobre una persona, a menos que se le haya cedido ese derecho, claro que lo han obtenido a través de engaños, pero también es por falta de conocimiento de Dios, falta de comunión con Dios.

Por eso es importante indagar sobre alguien para saber por qué aquella persona está endemoniada.

EL POR QUÉ DEL RÉGIMEN DE DERECHOS

Por sobre todo debes saber que es Dios el que estableció el régimen de derechos; el mundo de los espíritus, Dios lo creó y cada espíritu con funciones específicas, pero les estableció principios que, sin importar su rebelión, no podrían romper ese régimen, de tal manera las entidades de las tinieblas siempre están limitados en su actuar.

Ciertamente fue Dios quien les otorgó poderes a las entidades que un día se le rebelaron; no perdieron ese poder, pero tampoco rompieron el régimen de derechos bajo el cual fueron sometidos en el momento de su creación sin importar cuál es su jerarquía, así sea principado, potestad, autoridad, etc., el régimen de derechos al cual deben estar sometidos, pesa sobre ellos y son principios inalterables e inquebrantables porque en el momento que los pretendan eliminar para actuar bajo un libertinaje, se autodestruyen.

Entonces, Dios establece el régimen jurídico de derechos y no lo cambia; lo que El cambia son Sus planes, la forma en que hará lo que se ha propuesto en tu vida, lo puede hacer, pero las leyes que ya estableció no las cambia, aunque es soberano, El mismo respecta Su palabra y vela porque se cumpla.

Por eso mismo es que el diablo lo que busca es que el pueblo de Dios, la Iglesia de Cristo, viole esos principios y entonces poder llegar con un argumento delante del Padre para que le autorice la consecuencia que conlleva la violación de los principios por los cuales se rige el régimen jurídico de los derechos espirituales.

Por eso, cuando un obrero de liberación viola uno de esos principios, automáticamente le otorga al reino de las tinieblas ventaja sobre él para que la efectividad en la batalla se vea menguada. Pero también debes saber que Satanás usará cualquier estrategia o esquema para hacer que, en lo personal, te extravíes de la senda de la voluntad de Dios y de esa manera caer en desobediencia y desagradando Su corazón para que la acusación haga que te alejes de Dios y una vez estés solo, poderte destruir.

Surgen las interrogantes:

- ¿Por qué en alguien que es obrero de liberación hay mayor resistencia que en otras oportunidades?

- ¿Será que el demonio es mayor o tiene más fuerza que los anteriores?

- ¿Llega la acusación del diablo pretendiendo hacerte creer que le has fallado a Dios y que eso te ha debilitado?

En esos momentos llega el cuestionamiento y la revisión de tu interior para detectar si le has fallado a Dios o quizá quebrantaste algo que es propiamente jurídico y eso te está deteniendo ante aquella situación porque encima de todo, a veces la entidad con la que te estás enfrentando se burla de ti porque no logras encontrar la puerta para entrar y sacarlo.

Por eso es importante saber qué es lo que hace resistente la vida de la persona que estás liberando, porque las potestades de las tinieblas no son ilimitadas en su operación, sino que tienen verdaderamente un límite por el régimen jurídico que Dios estableció. Por esa misma razón es que en el mundo espiritual se debe tener el derecho legal para llegar a realizar determinada actividad para lo cual debe haber integridad en ti; porque si alguien no tiene ese derecho por tener manchada su vestidura espiritual, sencillamente puede estar gritando todo el día pretendiendo liberar a una persona y no lo logrará.

Cuando hablo de tener el derecho, estoy refiriéndome a que alguien tuvo que haber sido autorizado o asignado, dicho en otras palabras, tuvo que haber sido debidamente delegado para que en el momento de hablar, las palabras que pronuncie lleven la autoridad con la que fue enviado; partiendo de ahí, es entonces la forma como se puede anular las operaciones de Satanás, obviamente que si estás aceptando esa responsabilidad, es porque sabes que tienes la solvencia para enfrentarte al acusador.

Debo hacer énfasis en este punto: debes tener la delegación de Dios a través de uno de Sus siervos ministros en los que El ha depositado determinada autoridad. Lamentablemente en algunos casos, la gente recibe el equipamiento y luego pretenden aplicar lo que creen que aprendieron, como si fuera una fórmula matemática y esperar el resultado inequívoco, pero no lo alcanzan porque no fueron delegados; se necesita de esa delegación para llegar a alcanzar la victoria en el nombre de Jesús.

Pretender aplicar una liberación como si fuera una formula matemática, se ve a veces en gente que es ayuda pastoral; recibieron la misma enseñanza que su pastor y creen que por esa razón pueden ser grandes guerreros sin que hayan sido delegados; pero recuerda siempre esto: necesitas la autoridad de Dios delegada a través de Sus siervos los ministros primarios o por delegación de otro que ellos también hayan nombrado para que recibas el poder o autoridad con la que libertarás a una persona de forma efectiva.

Otro punto que debo enseñar en este segmento es que, se puede entrar al régimen jurídico de los derechos espirituales a través de leyes, ordenamientos y mandamientos.

¿POR QUÉ EXISTEN LAS LEYES DE DIOS?

- La primera respuesta que puedo decir es porque existen los considerandos, eso significa que la ley fue consecuencia de situaciones que necesitaban ser regidas por una ley.

- Otra razón fue porque hubo desorden, lo cual no daba lugar a que las cosas se desarrollaran según el plan de Dios.

Salmos 119:133 (R60) Ordena mis pasos con tu palabra, Y ninguna iniquidad se enseñoree de mí.

Nota cómo es que David le pide a Dios Su orden para cerrarle el paso a la iniquidad.

También puedo decir que existen las leyes de Dios por los principios que inherentemente tienen constituciones que beneficia o auto destruyen; Dios dijo que algo debe funcionar de determinada forma y así sucederá infaliblemente porque existe una ley, por ejemplo: la ley de la gravedad, todo lo que sube debe bajar.

LAS GESTIONES JURÍDICAS DEL MUNDO ESPIRITUAL

La dimensión:
Este punto abarca tiempo y lugar celestial donde se manejan los procesos judiciales o el manejo de las documentaciones jurídicas y espirituales a favor o en contra de la vida de una persona; esto puedo decir que es como un sinónimo de las cortes celestiales, es un lugar dimensional donde hay un tiempo pero fuera del tiempo que conoces como tal.

Es precisamente en una corte celestial donde un espíritu inmundo puede llegar para pedir permiso al Padre en calidad de juez, el Señor Jesucristo como el mejor abogado que jamás antes haya existido, también hay una fiscalía para acusar, así también hay testigos; ahí es donde se autoriza o rechazan aquellas situaciones adversas que llegan a una persona y que quizá no se explica el por qué, pero es precisamente porque olvidó que hizo algo inadecuado, cometió un pecado que lo quiso llamar pecado blanco, pero celestialmente le dio autorización a una entidad para proyectarse sobre esa persona para causarle estragos, pero entonces todo fue por haber quebrantado esa ley.

EJEMPLOS BIBLÍCOS DE LA CORTE CELESTIAL

PEDRO

Un ejemplo lo puedo citar cuando el Señor le dice a Pedro que lo pidieron para ser zarandeado, ¿dónde lo pidieron?, en una corte celestial.

Lucas 22:31-32 (R60) Dijo también el Señor: Simón, Simón, he aquí **Satanás os ha pedido para zarandearos** como a trigo; **32** pero yo he rogado por ti, que tu fe no falte; y tú, una vez vuelto, confirma a tus hermanos.

¿Por qué lo pidieron?, quebrantó algo que no debía y eso le otorgó a Satanás el permiso de parte de Dios para lo que Pedro padecería.

JOB

De igual forma puedo citar otro ejemplo en la vida de Job:

Job 1:8 (LBA) Y el SEÑOR dijo a Satanás: ¿Te has fijado en mi siervo Job? Porque no hay ninguno como él sobre la tierra, hombre intachable y recto, temeroso de Dios y apartado del mal.

Dios sabía que todos los que llegaban a Su corte celestial era para presentarle casos específicos y Satanás no era la excepción, si él había llegado delante de Dios, El sabía que le presentaría una queja, una demanda; entonces lo que hace Dios es que le anticipa quién era Job para El.

Satanás no podía presentar un argumento para dañar la vida de Job, razón por la cual solicita permiso para probarlo y que le fuera quitada la protección que tenía aquel varón. Conoces la historia, no la voy a relatar porque no es ese el propósito, sino más bien, que veas lo que sucede en la corte celestial donde Dios es el juez que juzga todo lo que le presentan y autoriza si así cree que debe ser, El es el Rey y nadie puede contradecir Su palabra.

JOSUÉ

Zacarías 3:1-8 (LBA) Entonces me mostró al sumo sacerdote Josué, que estaba delante del ángel del SEÑOR; y Satanás estaba a su derecha para acusarlo. ² Y el ángel del SEÑOR dijo a Satanás:

El SEÑOR te reprenda, Satanás. Repréndate el SEÑOR que ha escogido a Jerusalén. ¿No es éste un tizón arrebatado del fuego? **3** Y Josué estaba vestido de ropas sucias, en pie delante del ángel.

4 Y éste habló, y dijo a los que estaban delante de él: Quitadle las ropas sucias. Y a él le dijo: Mira, he quitado de ti tu iniquidad y te vestiré de ropas de gala. **5** Después dijo: Que le pongan un turbante limpio en la cabeza. Y le pusieron un turbante limpio en la cabeza y le vistieron con ropas *de gala*; y el ángel del SEÑOR estaba allí. **6** Entonces el ángel del SEÑOR amonestó a Josué, diciendo: **7** Así dice el SEÑOR de los ejércitos: "Si andas en mis caminos, y si guardas mis ordenanzas, también tú gobernarás mi casa; además tendrás a tu cargo mis atrios y te daré libre acceso entre éstos que están *aquí*. **8** "Escucha ahora, Josué, sumo sacerdote, tú y tus compañeros que se sientan ante ti, que son hombres de presagio, pues he aquí, yo voy a traer a mi siervo, el Renuevo.

Esta es la cita donde nuevamente se nota claro una corte celestial, aunque se pueden ver muchas cosas, no las relataré, solamente nota los integrantes de la corte: el juez, el abogado, el fiscal y los testigos.

ACAB

1 Reyes 22:19-22 (LBA) Respondió *Micaías:* Por tanto, escucha la palabra del SEÑOR. Yo vi al

SEÑOR sentado en su trono, y todo el ejército de los cielos estaba junto a Él, a su derecha y a su izquierda. [20] Y el SEÑOR dijo: "¿Quién inducirá a Acab para que suba y caiga en Ramot de Galaad?" Y uno decía de una manera, y otro de otra. [21] Entonces un espíritu se adelantó, y se puso delante del SEÑOR, y dijo: "Yo le induciré." [22] Y el SEÑOR le dijo: "¿Cómo?" Y él respondió: "Saldré y seré espíritu de mentira en boca de todos sus profetas." Entonces Él dijo: "*Le* inducirás y también prevalecerás. Ve y hazlo así."

Dios es soberado y en la forma de pensar humana que puedes tener como la tengo yo; dirás que El puede hacer las cosas simplemente con pensarlas porque Dios es Todopoderoso, sin embargo, como lo dije anteriormente, El hace la ley y vela porque se cumpla, de tal manera que tiene delegaciones para darle el seguimiento apropiado y de esa manera Su ley tiene lugar en cada situación que sucede en toda la creación.

Interesantemente el más interesado en ver que se ejecute la consecuencia de la falta a la ley de Dios es Satanás, no porque sea respetuoso de la ley, sino porque busca la manera de hacer caer en blasfemias a la persona sobre la cual hay una sentencia, principalmente cuando la persona desconoce que algo que hizo tuvo una consecuencia debido a que irrumpió en el régimen jurídico de Dios.

Podrías pensar que hay injusticia en una sentencia y que alguien no sabe el por qué está padeciendo determinada situación; sin embargo debes recordar que si alguien es justo eternamente es Dios, por eso puedes ver que El cubre, no encubre los pecados o faltas de una persona; si alguien comete una falta, El autoriza la intervención a la que esa persona se hizo acreedora.

Gracias a Dios que siendo hijo o hija de Dios, tiene acceso al abogado por excelencia, el Señor Jesucristo y El puede intervenir ante el Padre que actúa como juez en la corte celestial donde se dictó sentencia y que Satanás la está ejecutando y ejecutará hasta que llegue el momento en que esa persona busque ayuda en medio de una ministración al alma y confesar la falta que haya cometido.

Cuando un obrero de ministración está actuando bajo una delegación de parte de Dios, también está trabajando bajo una perspectiva jurídica en el orden de Dios para entonces poderle negar al enemigo que pueda ejercer toda su fuerza contra aquella persona, es una situación que debe tener lugar antes de la liberación, esto es con el propósito que no haya tanta resistencia, posiblemente la haya, pero se puede sentenciar al enemigo, basado en que la persona que buscó ministración, está apelando en la corte suprema celestial:

Misericordia bajo el propiciatorio para que la sangre del Señor Jesucristo sea sobre su vida y que Dios Padre actuando como juez en esa corte, vea a Su Hijo en esa persona, que pueda ver el precio que Jesús pagó en la cruz del calvario para perdón de los pecados y así poder salir solvente en esa corte.

Por eso, en la ministración del alma, por fuerte que pueda ser una intervención demoniaca, puede perder el derecho; por eso mismo es muy importante que la persona que se ministra, sea totalmente transparente, sincero o sincera para que aquella situación donde quebrantó la ley, quede a la luz de Jesús y El como abogado, pueda llegar delante del juez con el más grande argumento que no tiene oposición de parte del diablo, me refiero el sacrificio que hizo el Señor Jesucristo en la cruz del calvario y que al derramar Su sangre, el que reconozca a Jesús como su Señor y Salvador, tiene dónde refugiarse y alcanzará la victoria que Dios alcanzó en Su sacrificio.

Trámites espirituales:

Es donde tienen validez los derechos que a su vez dan lugar o no, a intervenciones del mundo de los espíritus, este es el concepto de esta gestión, aunque ya lo explique dentro de todo lo que amplié en el punto anterior. Es lo positivo o negativo permitido sobre la vida de los creyentes, de cualquier humano o de un lugar.

La dimensión de las autorizaciones:

Este es otro punto de mucha importancia porque es el lugar de dónde y cómo se autorizan los milagros, sanidades, liberaciones, protección etc., a favor de los creyentes. Es el lugar donde se da la razón del por qué hay gente que experimenta ataques, enfermedades, muertes, calamidad etc.

Cuando el ministrador y el ministrado son conscientes de esta situación, de alguna forma puedo decir que confirman que el Espíritu Santo autorizó la liberación de una persona. Por eso es importante que antes de ministrar a una persona, se debe preparar adecuadamente con el propósito que la ministración alcance el objetivo trazado por Dios, porque obviamente se necesita fe y cuando alguien es recién convertido, difícilmente tiene la certeza de lo que puede alcanzar en el proceso de la ministración, aunque podría darse el caso, pero estoy refiriéndome en situaciones generales; lo mejor es que la persona lleve una preparación para que sepa la dimensión a la que entrará cuando se esté ministrando.

Un ejemplo de lo que descrito, puede ser una persona que es recién convertida, debe tener el seguimiento adecuado de asistir a los cultos y participar con todo su corazón de la ministración de Dios en cada oportunidad que se congrega, cuando alaba, cuando adora, cuando escucha el mensaje de la predicación, etc., eso hará que esa persona recién convertida, vaya entrando en una atmósfera para preparar su alma y que su parte carnal se vea reducida para que vaya fortaleciendo su espíritu humano en relación a la comunión que pueda tener con Dios.

Después de ese proceso, llegará el día en que estando en la ministración del alma, será mucho más sensible al ambiente que pueda tornarse en el momento de ministrarlo y de su liberación; ahí es donde puedo decir que la efectividad de la ministración alcanzaría mejores resultados, que haciendo el mismo día en que aceptó a Jesús en su corazón.

Otro punto que no puedo dejar de mencionar es que, si esa persona que es recién convertida se sujeta al consejo ministerial del proceso que necesita antes de ser ministrado, desde ese momento está reconociendo cobertura y hay movimientos en los ámbitos espirituales porque aquella persona que anduvo sin rumbo, ahora su espíritu humano está siendo conducido por el Espíritu Santo a través del ministro de Dios que El ha delegado para que funja como pastor en la vida de esa persona. Por eso hay ministraciones que son mucho efectivas que otras, claro que no estoy diciendo que sea por un plan humanista, porque no es con fuerza ni poder, sino que toda victoria en Dios es alcanzada por el Espíritu Santo en tu vida y en la mía.

El siguiente punto que hace efectivo el ataque de Satanás es el siguiente:

2.- ESTÁ ESTRUCTURADO

- Esto ya lo mencioné pero para dejarlo secuencialmente lo mencionaré nuevamente: debes saber que jurídicamente también están estructurados y con derechos en cada entidad de las tinieblas, tiene conexiones y funciones específicas en sus operaciones, porque Satanás no permite la división en su reino, aunque conoce de la efectividad que puede causar la división.

3.- TIENE NIVELES

- Esto lo lleva a que tenga un orden para operar en confrontaciones, unas veces en guerra, otras en batalla y combates, porque cada uno de ellos es diferente al otro.

    1) **Guerra espiritual** es el esquema principal, la razón de la guerra.

    2) **Batalla** es lo plural de la guerra, quiénes participan.

    3) **Combate** es ataque personal entre 2 personas.

4.- EN ORDEN CRONOLÓGICO

- Reconocen y aprovechan los tiempos. (fiestas judías; el nacimiento de una persona, etc.) por eso puedes ver en la Biblia que uno de los ataques que Jesús sufrió fue durante las fiestas judías porque era cuando más gente había a su alrededor, de tal manera que era importante ver cuál sería Su reacción ante los ataques de Satanás.

Lucas 4:13 (LBA) Cuando el diablo hubo acabado toda tentación, se alejó de Él esperando un tiempo *oportuno*.

Este versículo puede ser un claro ejemplo de cómo el diablo llegaba ante Jesús cíclicamente, esperando verlo derrotado ante Sus seguidores y así desmotivarlos y que fueran dispersados.

5.- SON CÍCLICOS

- Puede repetir los ataques o provocaciones (sale y dice regresaré); este punto es diferente al anterior aunque puede tener mucha relación.

6.- ES PROGRESIVO

- Usa nuevos niveles para establecer nuevas potestades. Por eso, ante mayor conocimiento, mayor responsabilidad, de tal manera que si alguien con mucho conocimiento falla, la sentencia por haber quebrantado la ley, también será mayor.

La Visión y El Relato del Mundo de Los Espíritus

COSMOGONÍA Y COSMOVISIÓN

Con este título lo que voy a trasladar es la idea y narración de cómo se formaron las cosas, por ejemplo:

- Los ciclos creativos de Dios.

- Las funciones originales de los espíritus.

- Las rebeliones de los seres espirituales.

- Las edades o eras.

- Los seres caídos (demonios, espíritus inmundos, ángeles caídos y espíritus con nombres propios y otros con nombres genéricos).

Un concepto muy puntual de estos 2 términos, es el siguiente:

- **Cosmogonía:** narración de la creación (del griego kosmogonía o kosmogenía).

Es como una narración del origen del universo y de la propia humanidad. Generalmente, en ella se remonta a un momento de preexistencia u originario, en el cual el mundo no estaba formado, pues los elementos que habían de constituirlo no se hallaban aun.

Cosmogonía es una palabra que deriva del griego **κοσμογονία** kosmogonía, formada por kosmos que significa **mundo** y gígnomai que significa **nacer**.

La cosmogonía es el relato o una explicación acerca de la creación y desarrollo del mundo, el universo y las primeras creaciones espirituales y los seres humanos, con la intención de poder establecer una realidad concebida bajo un orden físico, simbólico y espiritual.

La base de la Iglesia de Cristo es la Biblia, la cual es un relato cosmogónico que describe cómo fue creado el universo bajo el poder y la palabra de Dios.

- **Cosmovisión:** visión del mundo o percepción del mundo espiritual, así como de las entidades que lo habitan. Por eso, cuando alguien habla de espíritu inmundo o demonio, de alguna forma puedes tener la idea de lo que esa persona está hablando, aunque obviamente son entidades invisibles pero en la mente puedes formarles un cuerpo imaginario.

Del griego **cosmos**, término equivalente a **ordenar**, y el verbo **visio**, que significa **ver**.

De manera filosófica es la **visión del mundo** que fue una palabra originalmente alemana Weltanschauung.

La palabra **Cosmovisión** significa **visión del mundo**, es la perspectiva, concepto o representación que determinada cultura o persona que se forma de la realidad. Por lo tanto, la **Cosmovisión** es el marco de interpretar la realidad del mundo creado y significa: imagen o figura general de la existencia, realidad o mundo.

Esto deja ver entonces que todo tuvo un origen y propósito de ser creado, de tal manera que si existe una **Cosmovisión** y no la consideras, ¿cómo tendrás una percepción contra lo que te enfrentas en batalla?, por eso es necesario conocer los principios de todo lo que hasta este punto has aprendido y lo que aun aprenderás en el desarrollo de este libro.

Los Orígenes

Debo resaltar un punto sumamente importante: desde el primer versículo de la Biblia, Dios deja ver en la Biblia, cuál es la importancia con la que creó:

Génesis 1:1 (LBA) En el principio creó Dios los **cielos** y la tierra.

Para hacerte una idea más clara de cómo fue que Dios inicio la creación que describe la Biblia; primeramente se dedicó a lo que sería considerado como lo celestial, primero todo su entorno y luego quiénes lo habitarían. Un ejemplo que puedo citar, es el momento cuando Dios hizo el huerto en Edén y después llevó al hombre a que lo habitara.

EL MUNDO DE LOS ESPÍRITUS

Cuando me refiero a la palabra **PRINCIPIO**, debes saber que es una palabra preexistencial la cual se refiere como decir que fue creado por Dios antes de…

1. **El mundo de los espíritus:** creado por Dios donde todo tiene una razón de ser, una función, por eso el mundo de los espíritus se puede considerar como un lugar donde también hay actitudes, por ejemplo: hay actos, oficios, funciones, acciones, órdenes, planes, proyectos, actas, nombres. Dios creó con planes de todo lo que llegaría a determinado punto, nada de lo que fue creado por Dios dejó de tener una razón de ser.

2. **El mundo de los espíritus:** se refiere a todas aquellas esencias que forman parte de lo invisible, aun el espíritu humano forma

parte de esa dimensión, con la diferencia que en esta **ERA** los espíritus humanos, obviamente están dentro de un cuerpo de materia de tierra para poder cumplir con el propósito de Dios. De aquí puedo pensar entonces que los espíritus humanos son antiquísimos porque cuando hizo los espíritus en general, los hizo para los principados, gobernadores, autoridades, huestes, santos, vigilantes, seres vivientes, humanos, etc., esa parte es a lo que se le llama esencia.

Vuelvo a repetir, todo lo que Dios hizo, fue con un propósito debidamente definido para que hoy esté donde está; tu espíritu fue creado para estar en tu cuerpo, por eso es que nadie es producto de la casualidad sino que, todo fue con un plan aunque pareciera que el diablo de pronto se lo distorsionó a Dios, pero no es así, El cumplirá el propósito por el cual estás en la Tierra porque a Dios nadie le estropea Sus planes.

Las 3 Eras o Ayones

1. **La ERA o AYON pre- adámico** (pasado eterno).

2. **La ERA o AYON presente** (comprende desde Adán hasta nuestros días).

3. **La ERA o AYON futuro** (mundo venidero).

Este es un punto muy importante que estoy describiendo con el propósito de darme a entender respecto a los habitantes de los cielos, o sea, a lo que se refiere Génesis 1:1; muchos años después, el Apóstol Pablo recibe revelación a este respecto:

PANORAMA DE LAS FAMILIAS DE LOS CIELOS

El Apóstol Pablo fue quien dejó la revelación de las familias de los cielos, nunca antes nadie había definido a la creación celeste como tal.

Efesios 3:14 (BDA2010) Por eso doblo mis rodillas ante el Padre, [15] de quien procede toda familia en los cielos y en la tierra…

Familias: G3965 patriá; Familia, raza, linaje (patria está relacionado con pater, padre).

La referencia es a todos aquellos que están espiritualmente relacionados con Dios Padre, siendo El, el autor de Su relación espiritual con El como hijos Suyos, quedando unidos entre sí en una comunión familiar. Para ampliar este concepto, voy a describir lo que son 2 palabras, en relación a las familias en los cielos:

Serafín: Serafím es el plural de Seraf, que viene a su vez de la raíz hebrea Saraf, significa: ardiente, los Serafines son seres ardientes cuya tarea es **PURIFICAR (Isaías 6:1)**.

Querubín: Keruvim es el plural de Keruve, estos son seres éticos cuya labor es **PROTEGER**, y a su vez están en un lugar de privilegio dentro del orden divino, ejemplo: **Ezequiel 28:14** 'Tú, querubín protector de alas desplegadas…

Ángeles: Seres mensajeros, comunicadores de visiones, revelaciones, y ministradores **(Hebreos 1:14)**.

Markava: Estas son carrozas de fuego, en plural es Markavot, y se utilizan para traslado **(2 Reyes 2:1-12)**.

Guiborim: Los héroes guerreros, es plural de **Guibor**; los Guibbor del Olam **(Génesis 6)**.

Seres vivientes: Seres con caras de león, buey, águila, hombre; estos seres siempre están delante del trono y acompañan la presencia de Dios **(Ezequiel 1, 9, Apocalipsis 4, 5, 6, 7, 14, 15, y 19)**.

Hasta aquí puedo decir que he dejado planteado la base de lo que desarrollaré en los siguientes capítulos, aunque cada capítulo tiene un título específico donde desarrollaré puntos que se van a sumar al conocimiento que adquiriste aquí, para que al final entre todos se potencialicen en el nombre de Jesús y tu conocimiento respecto a guerra espiritual sea más amplio y cada vez tengas mayor oportunidad de ser más diestro en el ámbito espiritual, aunque también debo insistir en que todo lo que concierne al llamamiento que Dios te haya hecho; no es con fuerza ni poder humano, sino con la unción del Espíritu Santo sobre tu vida, es con Su poder y no con tus fuerzas aunque de alguna manera también conlleva a que hagas un esfuerzo y pongas en práctica todo el conocimiento que has adquirido en todo tu caminar cristiano.

LA HISTORIA DEL CIELO CAMBIÓ POR UNA CREATURA

Capítulo 2

Las Liberaciones Espirituales

En la última parte del capítulo anterior, enseñé acerca de la **COSMOGONIA** y **COSMOVISIÓN** por el cambio que tuvo la historia del cielo a causa de una creatura y el poder que ejercía, llegó al punto de cambiar la idea de un tercio de los ángeles respecto a la adoración a Dios su creador, porque fue entonces por la misma razón de tener libre albedrío que rompieron el propósito original por el cual Dios los creó, dando lugar a lo siguiente:

1. Cambió la historia en el cielo.

2. Cambió la historia de Adán como administrador de Dios en la Tierra.

3. Tiene como propósito negativo propio, cambiarle la historia a los hombres por medio de un reino paralelo conocido como el reino de las tinieblas, aunque su meta al final es cambiarle su propósito a todo lo creado por Dios, no solamente a la humanidad.

Lo interesante aquí es hacer notar cómo es que algunas creaturas pueden llegar a tener tanta influencia que al ejercerla como lo hizo Luzbel, cambian el orden que prevalecía hasta ese momento, me refiero al momento álgido de la rebelión, aunque para que se llegara ese momento, tuvieron que haber concebido en sus corazones aquella situación desde mucho tiempo antes y así entonces reconocer como su líder a Lucifer; obviamente que si bien es cierto, fue una rebelión muy marcada en toda la historia, no fue la primera, sino que una de las primeras y tuvo incidencia al punto de contaminar la tercera parte de los ángeles.

Existe rebelión de seres que a pesar de su actitud, porque parecería que se quedan en la sombra, callados y consecuentemente siguen siendo un misterio; sus rebeliones se evidencian tomando mucho auge al punto que se convierten en comunes como la rebelión de Satanás, la cual al igual que todos los seres que logró contaminar, también él fue contaminado en su corazón y mantuvo esa rebelión al punto de haberla madurado sin que Dios la detuviera. Es un punto muy interesante porque sabiendo Dios lo que se estaba fraguando, permite que todo siga su curso;

esto es producto del libre albedrío que dejó en su creación.

Esa fue una forma de probar lo que había en los corazones de tal manera que si pasaban la prueba, promoverlos y otorgarles galardones por la obediencia que pudieran manifestar como hoy día dentro de la Iglesia de Cristo, lo cual a veces puede ser notorio, pero lo interesante es que esto mismo tenga lugar en el mundo espiritual; creaciones alcanzando ser promovidas a un nivel más alto del que puedan tener.

Por eso debes preguntarte muy en lo íntimo de tu corazón, **¿qué harás con tu libre albedrío?, ¿lo llevarás a los pies de Cristo o caminarás al ritmo del mundo?** Dios no quiere nada forzado por eso conoce muy bien los corazones, de tal manera que si estuvieras forzándote a servirle pero tu corazón está en el mundo; todo eso será cuestionado y tendrás una evaluación para recibir tu galardón, de ahí entonces la importancia de estar ardiendo de amor por Dios habiendo tenido un verdadero encuentro con El en el momento en que le permitiste que entrara a tu corazón.

La Voluntad Del Querubín

Isaías 14:13-14 Pero tú dijiste en tu corazón: **"Subiré al cielo (1 El plan)**, por encima de las estrellas de Dios **levantaré mi trono (2 El proceso)**, y **me sentaré en el monte (3 La posición)** de la asamblea, en el extremo norte. ¹⁴ **"Subiré sobre las alturas (4 Promoción)** de las nubes, **me haré semejante (5 Poder)** al Altísimo."

La rebelión del querubín protector, es una de las rebeliones en los cielos, no es la primera como ya lo mencioné varias veces, pero sí la más significativa, sin subestimar a la rebelión de la entidad llamada **INIQUIDAD**. Más delante hablaré también de ese tema, pero el punto ahora mismo es que según la Biblia, fue iniquidad lo que se halló en el corazón de Luzbel; pero para llegar a ese nivel, tuvo que haber recibido un plan donde fue reprobado en su examen porque cuando le dijeron a qué podía aspirar, cambió totalmente el propósito por el cual Dios lo había creado.

Luzbel pudo haber sido promovido por Dios, pero no al nivel con el cual fue engañado al creer que sería como el Altísimo, tal como puedes observar en la cita anterior, sin embargo la iniquidad sabía que existía la posibilidad de hacerlo que cayera en codicia y cuando se lo ofrecieron, cayó en el engaño y concibió esa rebelión con la cual contaminó a otras creaciones de Dios, al punto que fue entonces la tercera parte de los ángeles la que cayó juntamente con Luzbel y que en lugar de ser promovido por Dios, fue degradado y paso a ser Satanás.

Otro punto que cabe mencionar aquí es que, el engaño fue tal, que no llegó más lejos que ser un príncipe, porque a Satanás se le conoce como el príncipe de las tinieblas, no es rey; lo que la Biblia deja ver claramente es que existe una entidad místicamente femenina llamada la reina del cielo, esta entidad es la que le fue hallada en el corazón a Luzbel, haciéndole creer que para la jerarquía que tenía, pensó que podía aspirar a ser promovido al mismo nivel del Altísimo, considerando el tipo de creación que era Luzbel.

Puedo mencionar un ejemplo de la siguiente forma: en un reino existen soldados que, por más diestros que puedan ser, nunca serán reyes porque para eso existe una estirpe, de tal manera que al rey lo sustituyen los príncipes cuando muere el rey que está reinando y de esa manera se mantiene ese linaje.

Luzbel sabía cuál era su potencial y creyó que podía ser igual al Altísimo; ciertamente pudo haber tenido muchas características particulares, al punto que fue considerado el sello de la perfección, era un modelo del cual se copiaría para otra estirpe o quizá otra creación igual a él; pero cuando examinaron su corazón, Dios vio la contaminación que Luzbel había dejado entrar y en lugar de ser promovido, fue degradado, aunque no perdió todos sus atributos.

LA NATURALEZA ORIGINAL DEL QUERUBÍN

Es muy interesante que la única Biblia que describe a Luzbel como Lucifer, es la versión King James Version:

Isaiah 14:12 (KJV) How art thou fallen from heaven, O **Lucifer (#H01966)**, son of the morning! how art thou cut down to the ground, which didst weaken the nations.

Código **01966**, pronunciación **heylel** y significa: **portador de luz brillante, lucero del alba, lucero de la mañana.**

Lo que esto significa es que pertenecía al grupo de las primeras luces, dentro de la cual él era la primera luz.

EL LUCERO DE LA MAÑANA O LA PRIMERA LUZ

Isaías 14:12 (LBA) ¡Cómo has caído del cielo, oh lucero de la mañana, hijo de la aurora! Has sido derribado por tierra, tú que debilitabas a las naciones.

Lucero de la mañana significa:

1. Primera luz o luz del alba.
2. El primer iluminado de los querubines.
3. El primogénito de los querubines.

De ningún otro querubín se describe acerca de su vestidura como la de Luzbel; otro punto que puedo obtener de esto es que, en las familias de la Tierra, uno de los hijos que más batallas tiene es el primogénito, pero no solamente en este tiempo, sino que cuando analizas lo que sucede desde el principio de la humanidad, encuentras lo siguiente:

1. El primogénito de Adán fue Caín, atacado y no pasó la prueba.
2. El primogénito de Abraham, aunque no era de la promesa de Dios, pero me sirve como ejemplo por el ataque que vivió y no salió aprobado, fue Ismael.
3. De los hijos de la siguiente generación, o sea, el primogénito de Isaac fue Esaú, tampoco fue aprobado.

Entonces, lo que Luzbel busca es, que siendo él un primogénito desaprobado por Dios; quiere que los primogénitos de las familias en la Tierra, también sean desaprobados haciéndolos participes del reino de las tinieblas, razón por la cual la mayor batalla en las familias está proyectada sobre los primogénitos; pero lo que Satanás olvida es que sobre la cabeza de los primogénitos de hoy, hay cobertura y protección por la sangre de Jesús derramada en la cruz del calvario; de tal manera que no puede provocar el mismo engaño como lo hizo con las primeras familias sobre la Tierra, pero lo intentará y es ahí donde debes tener sumo cuidado para no ser engañado.

LA RAÍZ DEL ESPLENDOR DEL QUERUBÍN

- En el Edén estaba, en el huerto de Dios.
- Toda piedra preciosa era su vestidura: 9 piedras.
- Los primores de sus tamboriles y flautas estuvieron preparados para él en el día de su creación (RV60).
- Estaba en el santo monte de Dios.
- Andaba en medio de las piedras de fuego.
- Perfecto era en sus caminos desde el día que fue creado.
- Lleno de abundancia.

- Fue expulsado del monte de Dios por profano.
- Fue eliminado como querubín protector.
- Y expulsado de en medio de las piedras de fuego.

Es muy interesante que de ningún otro querubín se puede ver en la Biblia que sea descrito como fue Luzbel ni en la dimensión en la que estaba; no lo estoy magnificando, pero en realidad la misma Biblia deja ver que su esplendor era fuera de lo normal porque era parte de sus características de primogénito entre los querubines; el problema es que no pudo dominar toda aquella virtud con la que fue creado, por lo cual pensó que podía ser semejante al Altísimo.

El problema por el que atravesó Luzbel fue la gloria con que fue creado y no poderla sobrellevar hasta que se rebeló contra Dios eterno, o sea, algo que tuvo principio, pretendió tomar el mismo lugar de aquel que es eterno, que siempre ha existido, Jehová de los ejércitos. El problema actual es que, puede tener lugar una situación similar en un ministro de Dios, porque quizá llegue a creer que la unción que le ha sido derramada, sea producto de una gloria que provoca el propio ministro y no que sea por la misericordia y poder de Dios; es exactamente lo mismo que sucedió con la rebelión luciferina, quizá puedo resumir en una sola palabra: autosuficiencia.

Por eso es muy peligroso el hecho de estar elogiando de forma desmesurada, a un ministro de Dios porque por la fama, la reputación o la influencia que pueda ejercer sobre los demás, llega a desgastar tanto a una persona, que le cree a los demás sus elogios y se olvida que sin la unción de Dios, es como un simple mortal; cristiano ciertamente, pero como todos. Es necesario tener ese cuidado, tanto en el ministro de Dios para no permitir que la idolatría penetre en el corazón, como en las ovejas que pastorea o a las personas que les predica o enseña no ejerzan ningún tipo de idolatría sobre el ministro de Dios que les predica.

LA DESTITUCIÓN DEL QUERUBÍN

El Profeta Ezequiel narra acerca del estado original y las funciones en el monte santo y la destitución del querube protector.

Ezequiel 28:14-16 'Tú, querubín protector de alas desplegadas, yo te puse allí. Estabas en el santo monte de Dios, andabas en medio de las piedras de fuego. ^{15} 'Perfecto eras en tus caminos desde el día que fuiste creado **hasta que la iniquidad se halló en ti**. ^{16} 'A causa de la abundancia de tu comercio te llenaste de violencia, y pecaste; yo, pues, te he expulsado por profano del monte de Dios, y te he eliminado, querubín protector, de en medio de las piedras de fuego.

LAS CONTRATACIONES DEL QUERUBÌN

En relación a Satanás, bíblicamente puedes ver cuáles eran sus pensamientos, después cuál fue su esplendor, obviamente cuando se le llamaba Luzbel; ahora observa sus contrataciones:

Apocalipsis 12:4 (R60) ...y su cola arrastraba la tercera parte de las estrellas del cielo, y las arrojó sobre la tierra.

¿Qué sucedió? Conquistó la tercera parte de las estrellas del cielo, ángeles celestiales; por otro lado existían los ángeles terrenales, los cuales eran los que gobernaban con él en el mundo preadámico, ya estaban bajo su influencia, pero para ese entonces le faltaban los ángeles celestiales para llevar acabo lo que se menciona en **Isaías 14:13**.

Debo hacer mención entonces de la separación de ángeles por su clase o categoría:

- **Los ángeles celestiales:** solo para las esferas celestes.

- **Los ángeles terrenales:** para permanecer en el mundo preadámico.

A manera de aportación, quiero hacer mención que existe una versión de la Biblia llamada Cronológica, ahí se describen los eventos que tuvieron lugar desde su inicio, pasando por la rebelión luciferina hasta llegar a la restauración de todas las cosas; de tal manera que a manera de poderte equipar cada vez más, hago referencia de esa Biblia para que la indagues y puedas ver muchas de las cosas que estoy enseñándote en este libro.

Una vez mencionada esa versión de la Biblia, continúo con el relato de **Isaías 14:13**, porque una vez que fue descubierta la rebelión que estuvo anidando Luzbel en su corazón, el siguiente paso fue buscar una estirpe angelical con diferente naturaleza para conquistar; de ahí entonces el por qué de unos ángeles y de otros.

Aquí estoy dejando una referencia de lo que describiré más adelante acerca de quién era Satanás, por qué estaba en el monte santo, qué era el monte santo, dónde estaba el monte santo y en qué tiempo era el monte santo; hasta llegar entonces al mundo luzbeliano, ahí él gobernaba con otros ángeles, por eso dice en el libro de Hebreos lo siguiente:

Hebreos 2:5 (NTV) Es más, no son los ángeles quienes gobernarán el mundo futuro del cual hablamos…

Esto deja ver que hubo una era donde los ángeles gobernaban a una creación, los cuales, aunque eran celestiales, estaban ubicados terrenalmente, eso significa que fueron creados para permanecer en la Tierra pero en otra, era donde Luzbel tenía influencia sobre ellos por cuanto era cabeza federal de ellos, pero necesitaba gobernar a los ángeles celestiales, los que contaban con funciones celestiales. Los ángeles con funciones celestiales solamente pueden incursionar en la Tierra por 24 horas por eso el ángel que peleó con Jacob le decía que debía soltarlo porque estaba por rayar el alba **(Génesis 32:24)**.

Otro ejemplo a ese respecto lo puedo citar en **Génesis 28:12** donde hubo ángeles que subían y bajaban, eso era un relevo angelical porque tienen el diseño para prolongarse en la Tierra; dicho en otras palabras, cada creación tiene un propósito que deben cumplir y para eso Dios los facultó de las características necesarias para poderlo hacer; por eso Luzbel tenía mayores facultades por las cuales podía dominar en la Tierra y regresar a lo celeste, por eso contaminó la tercera parte de los ángeles en el cielo.

El Origen de La Guerra Espiritual

Los resultados de la rebelión y destitución, son la génesis de la guerra espiritual entre la luz y las tinieblas por la conquista de todo lo que lleva la idea de espiritual, espíritu, eternidad, etc.

¿Dónde? Por lo menos 3 escenarios hasta hoy día, de ahí vienen las influencias de las batallas, por eso es importante saber la razón de la **GUERRA ESPIRITUAL**, porque inicia con conquistar lo que es esencia, por eso conquista ángeles, seres y creaturas en el plano celeste. Satanás no tendría poder y éxito en muchas de sus operaciones de tinieblas, si no tuviera masa de seres conquistados, bajo engaño, pero conquistados para que le sirvan, lo cual le permite la capacidad de establecer estructuras.

Insisto con este punto: la guerra espiritual nace con la cosmogonía en la rebelión de Luzbel aunque no fue la primera rebelión, no quiero mencionar en este punto la iniquidad porque será más adelante donde lo desarrollaré; pero considera que la iniquidad fue la que primero se rebela, aunque no existía una conquista, esperaba que surgiera la entidad que tendría capacidad de portar luz; no fue el arcángel Miguel, Gabriel o Rafael, etc., no llegó a los Elohim primarios, sino que fue un ataque especifico por su naturaleza, diseño y propósito que cumpliría.

Hoy día se le considera solamente un ser que era alabántico, pero realmente tiene una amplia gama de características como también lo era el hecho de ser especialista en culturas; por eso opera en forma especifica en regiones, religiones, costumbres, hábitos, etc., tomando ventaja sobre cada segmento para establecer su influencia; realmente fue un diseño con capacidades extraordinarias razón por la cual la entidad llamada **INIQUIDAD** esperó a que surgiera el ser que necesitaba porque sabía que lo iba a poder usar para una rebelión muy fuerte.

Es interesante que en la rebelión de la iniquidad no se mencionan guerras, sino que solamente se pueden ver en la época adámica, a pueblos que le ofrecían culto según lo describe el libro del Profeta Jeremías cuando le ofrecían culto a la reina del cielo; ella esperó a Luzbel para contaminarlo y que se diera inicio a la faceta la guerra espiritual.

La iniquidad sin Satanás no podía hacer guerra espiritual, lo necesitaba para la génesis de la guerra espiritual. Considero necesario que puedas tener una introducción de todo esto para que pueda servirte a manera didacta, el poder ordenar mentalmente los eventos, aunque es algo que ampliaré en el tema **LA RAÍZ DE LA DEMONOLOGÍA**.

LA FRASE GUERRA ESPIRITUAL

No existe literalmente en la Biblia, sin embargo está en sombras, conceptos, figuras, etc., de igual forma puedo decir que la palabra milenio tampoco existe pero está implícita en la base de los 1000 años del reino de Cristo, de esa misma manera podría citar otras cosas, pero entonces **¿qué es guerra espiritual o qué es lo más importante en esa primera edad donde se manifiesta?**

Cada uno tiene diferente percepción del significado, por ejemplo:

1. Al hablar de guerra espiritual puede venir a tu mente situaciones con Satanás.
2. Otros piensan en espíritus inmundos y demonios.
3. Otros piensan en fuerzas invisibles de oposición.

4. Algunos creen que son batallas de la carne, en aquello que se debe resistir para no pecar.

Quizá todos tienen algo de razón, pero **¿por qué guerra espiritual?**, si logras comprender este punto, habrás llegado a ver el propósito real de lo que esto significa.

La guerra espiritual no es llamada así solo porque está relacionada a lo espiritual, tampoco porque se esté espiritualizando. La guerra espiritual tiene como propósito afectar el espíritu del hombre inconverso y con mayor razón si es creyente en Dios; la llave de la guerra espiritual es el espíritu humano llegando por el cuerpo y pasando por el alma. Pero puedo decir que el por qué de la frase **GUERRA ESPIRITUAL** es el siguiente:

PORQUE ESTÁ ENFOCADA A LO ESPIRITUAL COMO UNA PRIORIDAD POR SER LA ESENCIA DE LAS CREACIONES.

El propósito de la guerra espiritual es retomar el espíritu de los que ya fueron rescatados por Dios, esa es básicamente la tarea de Satanás, obviamente se beneficia por tomar un cuerpo y afectar el alma pero la meta es tomar el espíritu para causarle efectos que no solamente lo lleven a tener el estilo del mundo, sino que también repercuta en los cielos hasta la eternidad; por eso dice la Biblia:

2 Corintios 7:1 (LBA) Por tanto, amados, teniendo estas promesas, **limpiémonos de toda inmundicia de la carne y del espíritu**, perfeccionando la santidad en el temor de Dios.

Si la Biblia dice que debes limpiarte aun del espíritu, es porque estando en Cristo, me refiero que a pesar de haber aceptado a Jesús en tu corazón; puede haber contaminaciones que afectan tu esencia, pero si te limpias como lo dice el versículo anterior, entonces todo trabajo de las tinieblas será neutralizado de tu vida y no tomarán ventaja sobre ti.

1 Tesalonicenses 5:23 (LBA) Y que el mismo Dios de paz os **santifique por completo**; y que todo vuestro ser, **espíritu**, alma y cuerpo, sea preservado **irreprensible** para la venida de nuestro Señor Jesucristo.

Estas son recomendaciones a la esencia que representas, a tu espíritu humano directamente, a esa integridad a la que perteneces; y es la razón por la cual hay guerra espiritual porque Satanás pretende seguir reconquistando esencias haciéndolas caer como él cayó del reino de Dios a las tinieblas y que entonces caigan en su poder manipulador para que se rebelen contra Dios.

DISEÑO DE LA GUERRA ESPIRITUAL

La guerra espiritual está diseñada con el propósito siguiente:

1. Impactarte espiritualmente.

2. Diseñada a distraer tu espíritu.

3. Diseñada para contrarrestar tu espíritu.

4. Diseñada para anular o neutralizar tu espíritu y no cumpla su propósito por el cual fue diseñado.

¿Cómo busca Satanás alcanzar todo esto?

IMPACTANDO

Impacta tu espíritu para afectar los pensamientos y que tus emociones sean controladas por él.

1 Corintios 2:11 Porque entre los hombres, ¿quién conoce los pensamientos de un hombre, **sino el espíritu del hombre que está en él**?

Asimismo, nadie conoce los pensamientos de Dios, sino el Espíritu de Dios.

Los pensamientos a los que se refiere la Biblia, son los proyectos de Dios puestos en tu programación espiritual aunque afecta el alma cuando el espíritu humano le traslada la instrucción con el propósito que afecte el cuerpo como el vehículo donde se transporta tu esencia.

DISTRAYENDO

Distraer tu espíritu para provocar reacciones contrarias a las propias de un espíritu salvo, considerando que toda distracción atrae reacciones.

Efesios 5:15-16 Por tanto, **tened cuidado cómo andáis**; no como insensatos, sino como sabios, [16] aprovechando bien el tiempo, porque los días son malos.

¿Distracción en qué?

1. Distracción hacia donde debes ir.
2. Distracción de lo que está por delante.
3. Distracción de lo que Dios ha asignado para ti.

Todos los días debes prepararte por lo menos en un 30% de tu vida para no ser distraído en tu espíritu, porque el propósito de Satanás es que pierdas tu tiempo haciendo cosas que te distraigan.

Debes tener mucho cuidado con esto porque cuando te desvían del propósito original de tu vida, igualmente se desvían los recursos. Por lo general, cuando alguien está siendo atacado en la parte económica de su vida, debe considerar que es una obra del diablo, producto de la distracción que puso en su vida; desvió su propósito y se desviaron los recursos.

¿CÓMO SE PUEDE RECUPERAR LA VERDADERA PROSPERIDAD?

DETENIÉNDOSE

Deteniéndose en el camino por donde está y regresando al camino de Dios, consecuentemente los recursos igualmente regresan al camino.

CONTRARRESTANDO

Contrarrestar tu espíritu para anularlo de las funciones propias del espíritu humano.

Proverbios 20:27 Lámpara del SEÑOR es el espíritu del hombre que escudriña lo más profundo de su ser.

Es decir que tu espíritu conectado con Dios le comunica a tu consciencia si lo que haces está correcto o no.

Con estos puntos estoy resaltando la realidad y razón del por qué del la guerra espiritual. Todo esto va concatenando con otro que describiré más adelante: **LA RAZON DE LA INIQUIDAD**, ahí describiré cómo es que una persona recibe el tiempo oportuno de Dios para romper con todo aquello que la iniquidad ha trabajado en su vida; en caso contrario la iniquidad lo puede llevar a ser destituido de Dios como lo deja ver la Biblia; porque debes saber que primero fuiste instituido por Dios, luego el Señor Jesucristo te restituyó de todo lo que habías perdido, pero si no haces nada por guardar tu vida y romper con lo que haya hecho la iniquidad en pos de ser destituido de los planes de Dios, puedes volver a la vida antigua de la cual fuiste rescatado.

Claro que la iniquidad tiene diferentes niveles de maldades para hacer que el hombre, a través de sus actos, le diga a Dios que prefiere seguir siendo inicuo y no seguirlo a El.

Escenarios de La Guerra Espiritual

Los resultados de la rebelión y destitución, son las batallas entre la luz y las tinieblas, los cuales existen por lo menos en 3 escenarios, de los cuales es de donde vienen las influencias de las batallas, adicionalmente al hecho que pueden ser escenarios locales y como punto de origen para provocarlos hacia otro lugar:

1. Guerra en lugares celestiales.

Efesios 6:12-13 (LBA) Porque nuestra lucha no es contra sangre y carne, sino contra principados, contra potestades, contra los poderes de este mundo de tinieblas, contra las huestes espirituales de maldad en las **regiones celestes**. [13] Por tanto, tomad toda la armadura de Dios, para que podáis resistir en el día malo, y habiéndolo hecho todo, estar firmes.

2. Guerra en la Tierra y el alma.

1 Pedro 2:11 (R60) Amados, yo os ruego como a extranjeros y peregrinos, que os abstengáis de los deseos carnales que **batallan contra el alma...**

3. Guerra en el inframundo.

Mateo 16:18 Yo también te digo que tú eres Pedro, y sobre esta roca edificaré mi iglesia; y **las puertas del infierno** no prevalecerán contra ella.

La palabra **PREVALECERÁN**, tiene el sentido militar por un conflicto armado de rebelión, pero la promesa es que, a pesar de la influencia que pueda haber en todo lugar; es la Iglesia la que tiene legalmente la autoridad de parte de Dios para neutralizar esos efectos de maldad que vienen desde de los cielos, desde la Tierra y desde el inframundo de donde vienen ataques, no solamente de un lugar, porque claramente puedes ver que el versículo de **Mateo 16:18** habla de puertas, como refiriéndose a varios lugares diseminados por toda la Tierra de lo cual incluso, se ha comprobado que son puertas dimensionales por donde entran los ataques.

Esas puertas dimensionales tienen la misma característica del triángulo de las Bermudas, sumándose hasta el día de hoy 12 puertas o lugares específicos; **¿por qué 12?**, porque Satanás es un imitador de Dios. Son 12 las puertas de había en Jerusalén terrenal, en la celestial también son 12; entonces Satanás ubica 12 puertas del inframundo las cuales según su ubicación, en determinados lugares las batallas son de una forma diferente a otro país o región del mundo, esto es porque la influencia específica para cada región.

Entonces el problema surge, por el pacto que hacen con la muerte en forma ancestral y que en la actualidad se está proliferando en determinados lugares de Latinoamérica. De aquí entonces podría surgir la pregunta: **¿qué puerta del inframundo está cercana a la muerte y qué influencia es?**, obviamente que esa situación no es nueva, no es la moda que alguien de pronto impuso; aunque si bien es cierto, esa situación tiene siglos de existir y hasta el final de los tiempos que actualmente se viven, también debes saber que las tinieblas estarán cada vez con mayor engaño sobre la humanidad para asegurar la contaminación de la esencia de cada creatura.

La influencia para adorar a esa entidad llamada muerte es un engaño total porque hacen creer a la gente que quien hace pacto con la muerte, está libre de la muerte por espíritus de muerte, hasta un día donde finalmente tienen que ajustar el pacto donde esa entidad cumplió su parte y la persona con la que pactó debe cumplir lo que haya ofrecido, por lo general tiene que ser con su propia vida; dicho de otra forma, lo libraron de la muerte para después pagar con muerte.

De esto debes saber que hay influencia de espíritus humanos de vivos sobre otros y hay influencia de espíritus humanos de muertos, de los que murieron estando a cuentas con Dios, así como de los que murieron alejados de Dios y se niegan a salir de esta dimensión, están atrapados; pero lo más interesante es que todo esto está explicado en la Biblia por revelación del Espíritu Santo. Solamente para mencionar una cita:

Mateo 14:26 (RNV) Y los talmidim viéndolo andar sobre el mar, se turbaron, diciendo: ¡Es un **ruaj**! y gritaron de miedo.

Mateo 14:26 (NPE) Mateo 14:26 Y Sus pupilos, viendo a Él caminando alrededor sobre el mar fueron agitados, diciendo: "¡**Es un espíritu malvado**!" ¡Y ellos gritaron por el miedo!

En la versión de la **Biblia RNV,** hace referencia a un término hebreo que al traducirlo significa: espíritu de muerte. En la versión de la **Biblia NPE** lo dice un poco más claro al decir que es un espíritu malvado; pero el punto es **¿por qué lo dijeron?**, **¿cómo conocían de eso?**

Quizá hubo desconocimiento por muchos años, pero Dios ha permitido que haya revelación sobre Su Iglesia porque cada día que pasa, hay un acercamiento más al tiempo clave donde hay una promesa para el pueblo de Dios, la Iglesia de Cristo, aunque para el reino de las tinieblas eso puede ser un reto donde toda su fuerza reservada la pondrán a trabajar en este tiempo; pero eso no significa que Dios deje en desventaja a Su Iglesia, sino que por eso está derramando del equipamiento necesario para enfrentar esos ataques y poderlos contrarrestar, podrá hacer que las tinieblas retrocedan del lugar donde estén incursionando sus ataques, porque la victoria ya la alcanzó el Señor Jesucristo para entregártela hoy.

Apocalipsis 9:2-3 (LBA) Cuando abrió el pozo del abismo, subió humo del pozo como el humo de un gran horno, y el sol y el aire se oscurecieron por el humo del pozo. ³ Y del humo salieron langostas sobre la tierra, y se les dio poder como tienen poder los escorpiones de la tierra.

No ubiques la cronología que conlleva esta cita, solamente quiero hacerte ver el escenario donde se abre el pozo del abismo y el humo que sube, son atmósferas que preparan los climas, preparan el camino para los espíritus climáticos para hacer estragos sobre la Tierra; pero el punto principal y que más me importa que veas es que esos espíritus atmosféricos preparan el ambiente para un género de potestades que nunca han pisado la Tierra, han estado en calidad de reserva para el tiempo final que hoy se vive y por consiguiente pronto podrían verse, aunque para ti hay promesa de ser arrebatado y consecuentemente podrías no verlas.

EL CAMPO DE LA BATALLA

Los 3 planos que ya mencioné, obviamente abarca uno de los campos más importantes del ser humano, **LA MENTE** ¿por qué?:

   1. Porque la verdadera batalla es en la mente.
   2. Porque es en los pensamientos donde hay maquinación.
   3. Porque las fortalezas son mentales.

Una fortaleza mental cierra la mente para que no salga ni entre nada; con eso la gente se cree su propia fortaleza y no cambia su forma de pensar ni de juzgar las cosas, así es como trabaja una fortaleza mental del reino de las tinieblas. En una fortaleza mental es donde Satanás opera y manipula a una persona; es lo que los psicólogos llaman proyecciones psicológicas, las cuales lo que hacen es juzgar a otros en la base de lo que la persona ha hecho; pero el punto es **AFECTAR EL ESPÍRITU HUMANO** porque es precisamente a través de la mente que se llega al espíritu.

Filipenses 2:10-11 …para que al nombre de Jesús toda rodilla se doble en los **cielos** y en la **tierra** y en los **abismos**, [11] y toda lengua confiese que Jesucristo es Señor, para gloria de Dios Padre.

Estos versículos indican los 3 reinos: en la tierra, en el cielo y debajo de la tierra. Dios advierte de estas batallas y te promete que siendo Su Iglesia, serás más que vencedor.

Las Razones de La Guerra Espirituales

Aquí surge la interrogante: **¿por qué Satanás después que conquistó la tercera parte de los ángeles, enfoca su guerra a la Tierra?**

1. Porque tienen autoridad limitada sin el cuerpo humano, un ejemplo lo puedes ver en **Génesis 3:1**, Satanás tuvo que usar el cuerpo de un animal, el cual dice la Biblia que era el más astuto, aunque su astucia no le valió de nada porque igualmente fue engañado y se dejó posesionar, eso significa que ese animal pudo haber rechazado el hecho de ser poseído, obviamente que eso es

un claro ejemplo de las contrataciones que hizo Satanás.

La contratación que hizo Satanás con ese animal, le contrarrestó su astucia; esto le sirvió a Satanás porque necesitaba tener una representación sobre la Tierra. En la Biblia se describen 2 contrataciones a ese nivel: con la serpiente y con el león, ambos revelan diferentes estrategias de ataque.

2. Porque no tiene descanso fuera del cuerpo humano (**Lucas 11:24**).

3. Porque requiere permanecer en un mismo lugar que le previene ir al abismo (**Lucas 8:31**).

4. Porque no puede cumplir sus deseos sin el cuerpo humano.

5. Porque quiere destruir la imagen de Dios en el cuerpo humano (**Salmos 8:5**).

Porque quiere separar al hombre de Dios en la eternidad (**Apocalipsis 21:8**).

LAS LIBERACIONES ESPIRITUALES

Capítulo 3

Las Liberaciones Espirituales

Hablar del término **LIBERACIÓN**, en principio debes comprender que es algo muy diferente a decir **LIBRE** y también diferente a decir **LIBERTAD**; Dios me ha permitido que lo enseñe en repetidas ocasiones porque es importante que, si estás siendo equipado, puedas comprender lo que significa cada término.

LIBERACIÓN

De tal manera entonces, que **LIBERACIÓN**, es hablar del poder de Dios a favor del necesitado, aquella persona que necesita romper cadenas, ataduras, grilletes, abrir puertas de cárceles, etc., es el momento del encuentro entre Dios y el necesitado.

LIBRE

Por otro lado el término **LIBRE**, es el estado en el que queda el que experimenta la **LIBERACIÓN**, también puedo decir que es el estado que debe quedar certificado o confirmado por un ministro de Dios con unción de liberación. Si has sido delegado para ministrar el alma de otra persona, tienes el poder para declarar a una persona libre, después que el Espíritu Santo te confirme por las evidencias vistas por ti en cómo el poder de Dios se ha manifestado a favor de aquella persona.

Por eso, toda persona que anhela ser libre, debe tener la certificación de una voz que diga: **HAS QUEDADO LIBRE**, en ese instante son solamente tú, en calidad de ministro delegado, y la persona que ministraste. En la liberación primero fue un trato entre Dios y esa persona; después, libre, es entre el ministro de liberación y la persona.

LIBERTAD

Por último queda la **LIBERTAD**, la cual es una situación solamente con la persona que ha participado de una liberación, ha sido declarada libre y ahora lo que corresponde es que pueda caminar en libertad donde, por el mismo libre albedrío que Dios concedió a Su creación, puede decidir entre **avanzar** en una consagración a Dios, **evolucionar** para regresar y quedar en un estado peor que el anterior o **estancarse**, 3 estados aunque este último es un sinónimo de evolucionar.

En la **LIBERTAD** es donde se puede ver que todas las cosas son lícitas, pero no todas convienen; es cuando aquella persona decide honrar a Dios y negarse a lo que podría estar tratando de influenciarlo para involucionar hacia el estado del cual Dios lo libertó; en ese momento es cuando aquella persona está ejerciendo su propia libertad y decidiendo caminar para el Señor, obedecerle en todo y buscar Su rostro constantemente.

Partiendo de estos conceptos, también debes saber que existen las liberaciones de demonios, liberaciones de espíritus inmundos, aun la liberación de ángeles caídos; cada uno es diferente por su naturaleza y tiene su lugar por diferente razón, aun puedo decir que cada uno pertenece a diferentes eras; eso deja ver claramente que no todas las liberaciones son iguales.

Dicho en otras palabras, si alguien es liberado de un espíritu inmundo y fue efectiva la liberación, no necesariamente debe aplicarse la misma estrategia en otra persona; me refiero a que no puedes llegar con religiosidad aplicando la copia literal de una oración que hiciste con una persona, para otros, porque eso sería caer en métodos humanistas, en ese momento lo que sucede es que estás alejando al Espíritu Santo para que te guíe en la liberación. Recuerda que la Biblia dice que no es con espada ni con ejército, sino con Su Santo Espíritu.

Eso es en cuanto al ámbito de liberaciones, libre y libertad; pero quiero traer a tu memoria lo que mencioné en los capítulos anteriores; me refiero a que en el momento cuando Dios creó los espíritus, fue con un propósito específico, estas entidades que ahora son parte del reino de las tinieblas y enemigos de Dios, cambiaron sus propósitos, fines, funciones y los tornaron de forma malévola; otra situación que debes saber es que una vez que cambiaron de funciones, también cambiaron sus nombres porque revelan la degradación que experimentaron en el cambio del reino de la luz de Dios al reino de las tinieblas.

Las Liberaciones Espirituales

La forma de liberar entonces, varía según la potestad pero la base de la esfera jurídica, siempre es la misma, por ejemplo:

1. LA LIBERACIÓN DE ESPÍRITUS INMUNDOS:

Requiere inmediatamente de un cambio de vida posterior a la liberación, como lo puedes ver en **Lucas capítulo 11**, cuando el espíritu inmundo pretende regresar porque encuentra aquella vida que, consideraba su casa; la halla arreglada pero vacía; lo peor de esto es que cuando regresa lo hace pretendiendo fortalecerse porque entonces lo hace volviendo con 7 espíritus peores que él. Aquí se habla de una persona que fue ministrada, liberada, ordenó su vida, pero no se llenó de Dios y eso mismo es lo que le sirve al enemigo para tomar ventaja.

2. LA LIBERACIÓN DE DEMONIOS:
Es igual a la anterior pero con el fuerte deseo de hacer cambios en su vida, por ejemplo: el hombre conocido como el gadareno, una vez que fue liberado, quiso seguir a Jesús, pero El le dijo que regresara a su casa para evangelizarlos.

3. LA LIBERACIÓN DE ESPÍRITUS ÍNCUBOS Y SÚCUBOS:
Esto requiere de trabajar con la imaginación, las fantasías y la necesidad fisiológica, es decir, trabajo mental porque cuando alguien tiene fantasías, su imaginación obviamente crea esas imágenes, lo cual cobra fuerza en su cuerpo, de tal manera que las fantasías pueden llevar a aquella persona a sueños eróticos, mientras eso sucede, su cuerpo puede reaccionar exhalando olores que son mucho más sensibles para los espíritus íncubos y súcubos, es como decir la adrenalina que detecta un perro cuando alguien le tiene miedo, lo ataca por la

misma razón, es como un emisor que encuentra un receptor.

De esa misma forma actúan esos espíritus, por eso la persona con ese tipo de problemas necesita hacer cambios en su vida, con el propósito de cerrarle puertas a las cosas que están manipulando su imaginación, fantasía y consecuentemente la necesidad fisiológica.

4. LA LIBERACIÓN DE ESPÍRITUS NAHUALES:

Aquí lo que corresponde es el rompimiento de pactos ancestrales, ritos, descontaminación del cuerpo por contactos inmundos con animales; dicho en otras palabras, relaciones sexuales de humanos con animales.

5. LA LIBERACIÓN DE ESPÍRITUS HUMANOS:

Rompimiento de influencias, vínculos emocionales y espirituales, evocaciones y visitaciones de espíritus Rafaim o espíritus de muertos.

6. LIBERACIÓN DE ESPÍRITUS RECEPTORES, VECTORES Y EMISORES:

Romper la consagración que pueda haber acerca de miembros del cuerpo, puertas espirituales, los sentidos, etc.

En determinado momento las liberaciones requieren de un cambio, sin descuidar la esencia ni los principios de la liberación, pero cambiando la forma en la que el Espíritu Santo te dirija, ¿en qué me baso?, en estas citas bíblicas:

Mateo 17:14-16 Cuando llegaron a la multitud, se le acercó un hombre, que arrodillándose delante de El, dijo: **15** Señor, ten misericordia de mi hijo, porque es **epiléptico** y sufre terriblemente, porque muchas veces cae en el fuego y muchas en el agua. **16** Y lo traje a tus discípulos y ellos **no pudieron sanarlo**.

Es interesante que el papá de aquel varón, quiso pensar que su hijo necesitaba sanidad llevándolo a los discípulos de Jesús pero ellos no pudieron hacer nada.

Mateo 17:18-19 Y **Jesús lo reprendió y el demonio salió de él**, y el muchacho quedó curado desde aquel momento. **19** Entonces **los discípulos**, llegándose a Jesús en privado, dijeron: ¿Por qué nosotros **no pudimos expulsarlo**?

Nota entonces cómo es que alguien sumido en su angustia por alcanzar que una persona regrese a su estado normal, piensa en algo que puede ser solamente corporal, cuando la realidad es que necesita de un trato más profundo como puede ser una liberación directa, la cual no pudieron realizar los discípulos que estuvieron cerca de Jesús.

Mateo 17:20 Y El les dijo: Por vuestra **poca fe**; porque en verdad os digo que si tenéis fe como un grano de mostaza, diréis a este monte: "Pásate de aquí allá", y se pasará; y nada os será imposible. [21] Pero esta clase no sale sino con **oración y ayuno**.

Este es entonces el claro ejemplo de una liberación diferente a las que normalmente se pueden ver en determinado momento; esta liberación podía tener éxito solamente con oración y ayuno. Oportunamente he podido enseñar que, en esa cita no está refiriéndose precisamente al ayuno que se conoce como tal o a la privación de alimentos naturales para el cuerpo; lo que la esencia de la cita enseña es el nivel de vida espiritual que es requerido, al nivel de vida devocional que debes tener para enfrentarte a este tipo de situaciones; esto sin contar que lo primero que Jesús les señala es la poca fe que ellos tenían, comparada a un grano de mostaza; la medida de mostaza era más grande de lo que aquellos varones tenían.

Observa cómo describen **Mateo 17:21** otras versiones de la Biblia:

Mateo 17:21 (Jer 2001) Les dijo: "Esta clase con nada puede ser arrojada sino con la oración."

Mateo 17:21 (BC4) Y les dijo: Ese linaje con nada puede salir si no es con oración y ayuno.

Mateo 17:21 (CST-IBS) Les dijo: A demonios de este género no se les puede expulsar sino con oración.

- Esto comprueba el énfasis de Jesús al decir: **ESTE GÉNERO no se le puede expulsar sin oración y ayuno**.

- La forma cambia, según el género del espíritu o la naturaleza del demonio.

Jesús, el Hombre que más oraba, el Hombre que ayunó 40 días siendo el Hijo de Dios, les dice a Sus discípulos que les era necesario tener una vida devocional, debían saber que existen cosas que les daría el poder, fuerza, sensibilidad, espiritualidad, etc. El problema de hoy es que muchos delegados en el privilegio de ministración al alma, le ordenan al endemoniado a que ayune 21 días, cuando el llamado a tener ese ayuno es el ministro o delegado por un ministro de Dios, el llamado a ayunar es aquel que debe entrar en una dimensión espiritual mucho más elevada de lo normal, principalmente cuando está ejerciendo su privilegio ante otra persona, más aun cuando está liberando a otra persona por el enfrentamiento de espiritual que está teniendo.

Es por eso que debes disciplinarte en la oración para tener una comunicación divina con Dios; recuerda que la oración no es un don de Dios, sino una disciplina que debes establecer en tu vida, al punto de tener un deleite cada vez que estés orando. Recuerda que es diferente orar, clamar, gemir, interceder, apelar; son 5 los niveles de comunicación divina que debes asimilar y que de alguna forma puedo decir, en que necesitas disciplinarte empezando por la oración, con el propósito de sentir la necesidad de avanzar al siguiente nivel y luego al siguiente hasta alcanzar los 5 niveles pero deleitándote cada vez que lo hagas.

Esto sin mencionar el hecho de asimilar el ayuno como una disciplina, pero debe ser una decisión muy particular y no que otro pretenda imponerla o llevarte de la mano a que lo hagas. El ayuno y la oración están dentro de los 7 hábitos del cristiano, que Satanás odia; si hay algo que él odie, son esos 7 hábitos que le molestan en gran manera, entre ellos están el ayuno y la oración. Cuando alguien ayuna, es como entrar en el salón de belleza del cielo donde hacen desaparecer la piel muerta, en el caso de un tratamiento para los pies posiblemente;

pasan por el proceso de limar los pies donde quitan esa parte que es insensible para que deje, no solamente sensibilidad, sino que también belleza.

Entonces en el ayuno físico propiamente dicho, lo que sucede es que te eliminan la insensibilidad espiritual que pudieras tener en un trato directamente entre lo celestial y tú. Corporalmente habrá manifestaciones obvias como sed y hambre natural, pero al salir de ese ayuno estarás fortalecido y tendrás el mayor éxito en el nombre de Jesús en una ministración o liberación de toda clase porque habrás alcanzado un nivel de espiritualidad indescriptible, claro está si lo has hecho con el propósito precisamente de llenarte más y más de Dios para que se vea El en ti y vayas menguando tú. Precisamente por eso el ayuno y la oración deben ser una disciplina voluntaria y por amor a Dios, no impuesta por ninguno porque en tal caso, no alcanzará el objetivo deseado.

Pero entonces todo es porque hay géneros que disciernen al ministrador, reconocen la autoridad delegada por Dios porque tú también tendrás un nivel de discernimiento muy elevado para saber qué género es el que está produciendo determinado problema, como sucedió con Jesús según lo describe **Mateo 17:20-21**, El discernió y sabía que lo podía hacer porque tenía la comunicación constante con Dios y Su vida devocional también era constante, por consiguiente no debía prepararse para enfrentar cualquier otra potestad, Jesús podía salir a la batalla en el momento que fuera necesario; ese es el nivel al cual tú y yo estamos llamados, tener una vida devocional que verdaderamente agrade a Dios y haga temblar a cualquier entidad de las tinieblas, sabiendo que tienes disponibilidad efectiva para la batalla.

Las 6 Razones de Intervenciones Jurídicas

A continuación ampliaré la información que empecé a describir en el capítulo anterior:

1. **Todas las potestades tienen autoridad limitada sin el cuerpo humano.**

Génesis 3:1 (LBA) Y la serpiente era más astuta que cualquiera de los animales del campo que el SEÑOR Dios había hecho. Y dijo a la mujer: ¿Conque Dios os ha dicho: "No comeréis de ningún árbol del huerto"?

Esto para ellos es básico con el propósito de poder comunicarse y engañar así como a las primeras criaturas del huerto.

2. Ellos no tienen descanso o reposo fuera del cuerpo humano.

Lucas 11:24 (LBA) Cuando el espíritu inmundo sale del hombre, pasa por lugares áridos buscando descanso; y al no hallarlo, dice: "Volveré a mi casa de donde salí."

Descanso o reposo es como pasar desapercibido todo el tiempo posible sin ser detectado, y prolongarse en la Tierra. Esta es la mentalidad de un espíritu inmundo al entrar en un cuerpo, lo que menos desea es que lo detecten para lo cual reposa en forma indefinida; su forma de reposar es quedándose sin hacer manifestaciones bélica, violentas, escandalosas, etc. Alguien puede tener un espíritu inmundo pero sin manifestaciones corpóreas como sucede normalmente con una persona que tiene un demonio, porque en tal caso se manifiesta en cualquier momento.

No obstante el espíritu inmundo puede estar reposando pero al mismo tiempo hacer batalla en silencio; empieza a afectar la salud, la economía, la armonía en el hogar, etc., lo hace en situaciones que en determinado momento parecerían producto de cosas netamente humanistas, totalmente diferente a la manifestación de una persona que está poseída por un demonio.

- **Ellos requieren permanecer en un mismo lugar que les previene o les impide ir al abismo.**

Lucas 8:31-33 (LBA) Y le rogaban que no les ordenara irse al abismo. **32** Y había una piara de muchos cerdos paciendo allí en el monte; y *los demonios* le rogaron que les permitiera entrar en los cerdos. Y Él les dio permiso. **33** Los demonios salieron del hombre y entraron en los cerdos; y la piara se precipitó por el despeñadero al lago, y se ahogaron.

No pueden tener derecho de permanencia si no han ganado un territorio, por eso la legión de la cual describe **Lucas 8:31,** le rogaba a Jesús que les permitiera entrar en los cerdos porque no querían dejar el entorno en el que habían permanecido; sabían del estilo de vida que tenían en decápolis: había culto a Zeus, sabían que la gente era pagana, idólatra, practicaban muchas cosas que ofenden a Dios; aquellos demonios se alimentaban por el ambiente de esa religión y prefirieron estar en los cerdos a cambio de no dejar su lugar, adicionalmente que si no tenían un cuerpo donde permanecer, no tenían derecho de permanencia, por consiguiente terminarían en el abismo.

- **Ellos no pueden cumplir sus deseos sin el cuerpo humano.**

Hechos 16:16-17 (LBA) Y sucedió que mientras íbamos al lugar de oración, nos salió al encuentro una muchacha esclava que tenía espíritu de adivinación, la cual daba grandes ganancias a sus amos, adivinando. **17** Ésta, siguiendo a Pablo y a nosotros, gritaba, diciendo: Estos hombres son siervos del Dios Altísimo, quienes os proclaman el camino de salvación.

Cualquier espíritu inmundo necesita cuerpo para seguir saciando sus instintos inmundos y deseos. Los espíritus tienen deseos pero no pueden saciarse hasta que poseen un cuerpo que tenga la misma batalla.

- **Destruir la imagen de Dios en el cuerpo humano.**

Salmos 8:3-8 (LBA) Cuando veo tus cielos, obra de tus dedos, la luna y las estrellas que tú has establecido, **4** *digo:* ¿Qué es el hombre para que de él te acuerdes, y el hijo del hombre para que lo cuides? **5** ¡Sin embargo, lo has hecho un poco menor que los ángeles, y lo coronas de gloria y majestad! **6** Tú le haces señorear sobre las obras de tus manos; todo lo has puesto bajo sus pies: **7** ovejas y bueyes, todos ellos, y también las bestias del campo, **⁸** las aves de los cielos y los peces del mar, cuanto atraviesa las sendas de los mares.

No comprenden que siendo menor que los ángeles los hombres son coronados de gloria.

- **Para separar al hombre de Dios y de la eternidad.**

Apocalipsis 21:8 (LBA) Pero los cobardes, incrédulos, abominables, asesinos, inmorales, hechiceros, idólatras y todos los mentirosos tendrán su herencia en el lago que arde con fuego y azufre, que es la muerte segunda.

Satanás sabe que le espera una condenación definitiva y separada de la creación y de su creador por la eternidad.

Las Cosas que Atraen a Las Tinieblas

Hablar de liberación, debería ser el sinónimo de considerar qué tipo de liberación se presentará para poderla desarrollar, obviamente bajo un punto de vista bíblico, con el propósito de poder encontrar la razón de la persecución de un espíritu inmundo o demonio, y encontrar la razón que aquella persona hace atraer a esas entidades.

Quizá con esto deba referirme que en algún momento, determinada persona fue liberada pero aun así los demonios y/o espíritus inmundos la persiguen, entonces es necesario hacer un análisis e investigar cuál es la vida que lleva, **¿por qué?** Porque esas entidades pueden responder cuando encuentran u olfatean un receptor.

APETITOS QUE ACTIVAN DEMONIOS

Una persona puede ser blanco de futuras incursiones de espíritus y demonios, por la abundancia de los **APETITOS** de la carne (deseos). Base bíblica:

Gálatas 5:19 (BDA2010) En cuanto a los frutos de esos **desordenados apetitos**, son bien conocidos: fornicación, impureza, desenfreno…

Gálatas 5:19 (DHH C 2002) Es fácil descubrir cómo se portan quienes siguen los **malos deseos**: cometen inmoralidades sexuales, hacen cosas impuras y viciosas…

Si es fácil para el ser humano detectar quiénes siguen los deseos de la carne, ¿cuánto más eficaz será para una entidad de las tinieblas descubrirlo? Porque ese es su alimento, por consiguiente tienen un olfato mucho más sensible que la humanidad; pero en realidad lo que pueden hacer es sentarse a ver cuál es el comportamiento de aquella persona de donde los desalojaron y al notar que aquella persona sigue con los mismos deseos y quizá aun peores, entonces ellos también están en toda la disposición de darse un festín.

Gálatas 5:19-21 (BAD) Cuando seguimos nuestras malas **tendencias**, caemos en adulterio, fornicación, impurezas, vicios, [20] idolatría, espiritismo **(con lo cual alentamos las actividades demoniacas)**, odios, pleitos, celos, iras, ambiciones, quejas, críticas y complejos de superioridad. E invariablemente caemos en doctrinas falsas, [21] envidias, crímenes, borracheras, orgías y muchas otras cosas. Como ya les dije antes, el que lleve esa clase de vida no heredará el reino de Dios.

La palabra **TENDENCIAS** descrito el esta cita, significa lo siguiente:

1. Inclinados a…
2. Debilidad a ciertas cosas negativas.
3. Deseo incontrolables.
4. Pasiones desenfrenadas.
5. Fantasías negativas, etc.

Las tendencias serán las que alerten a los demonios atrayéndolos a alimentarlos y cediéndoles el derecho para que entren y controlen la vida de la persona que siga con el mismo problema. Algunos piensan que no es un peligro permanecer en la carne porque el espíritu y la carne son 2 entes diferentes; se olvidan que Dios te anhela completamente en espíritu, alma y cuerpo.

Aunque puedo decir que, por lo general, una persona pasa a ser espiritual mediante un proceso, de tal manera que mientras ese proceso se completa, un cristiano puede ser que lleve determinado porcentaje espiritual y otro porcentaje carnal; quizá menos espiritual y más carnal, pero la obra del Espíritu Santo en cada uno es maravillosa, de tal manera que si alguien tiene la disposición del cambio, El convertirá la vida carnal de alguien, en una vida espiritual.

Pero considera entonces que es de suma importancia el cambio de una vida carnal a espiritual, porque lo carnal se vuelve costumbre y lo que es costumbre se convierte en ley la cual lleva al pecado y detrás de cada pecado siempre hay un espíritu inmundo o demonio, por eso es muy importante y delicado el hecho de trabajar en eliminar las obras de la carne.

LO QUE PERSIGUEN LOS DEMONIOS

Esta es la primera fase para el mundo de los espíritus de las tinieblas, es decir, ellos trabajan en obtener la atención para el desarrollo de los deseos de la carne y que la persona no haga nada para abstenerse; **¿por qué lo pueden obtener?**

1. Porque los demonios pueden sentir los apetitos descontrolados de la carne.

2. Porque los apetitos o deseos de la carne, si no se debilitan, se vuelven costumbre, de tal manera que cuando la tentación llega se cae en pecado.

3. Porque detrás de un pecado hay una ley y detrás de la ley estará un demonio.

4. La ley y el demonio por causa del pecado llevan a la iniquidad, donde habrá fuertes problemas.

Salmo 106:14 (LBA) Tuvieron apetitos desenfrenados en el desierto, y tentaron a Dios en las soledades.

Es necesario que siendo un soldado dimensional habilitado para liberación, seas espiritual, de otra manera no podrás comprender la carnalidad en una persona, porque cuando se habla de carnalidad, de pronto se puede caer en una situación mentalmente, cuando la realidad es que las obras de la carne solamente son la coyuntura de las obras de las tinieblas, es la oportunidad que alcanza el reino de las tinieblas para destruir a una persona.

Otro punto que debes saber es que los apetitos o deseos de la carne no cesarán hasta que sean saciados; por esa misma razón es que si alguien tiene el genuino convencimiento del cambio que necesita en su vida, debe estar dispuesto a ser lleno totalmente del Espíritu Santo, tener una búsqueda insaciable de Su presencia con el objetivo de ser verdaderamente Su templo y que no haya espacio para ningún demonio o espíritu inmundo.

La Bioquímica de La Esclavitud

Hablar de la bioquímica es como hablar de lo imposible que puede surgir para alguien el dejar ciertos alimentos; lo mismo sucede en lo espiritual con los deseos de la carne.

EL ALIMENTO DEL ESCLAVO

Es interesante saber que la comida forma parte también en la fabricación de un esclavo:

Números 11:5-6 (LBA) Nos acordamos del pescado que comíamos gratis en Egipto, de los pepinos, de los melones, los puerros, las cebollas y los ajos; **6** pero ahora no tenemos apetito. Nada hay para nuestros ojos excepto este maná.

Dios le había cambiado la dieta a Su pueblo que fue esclavo por más de 400 años, tiempo durante el cual, la descripción de la cita enumera los elementos que componían su dieta como esclavos; pero Dios, en el momento de libertarlos, les cambió su dieta para que su bioquímica cambiara también; pero no entendiendo el tiempo de la visitación de Dios, no supieron lo que El estaba trabajando en ellos, puedo decir que no hicieron su mayor esfuerzo por dejar el alimento que los llevaba mentalmente a la esclavitud, por consiguiente rechazaron el alimento que los conduciría a una total liberación.

Por es razón es que hubo varias generaciones de esclavos, porque cuando nacían niños o niñas en las casas de los hebreos, les enseñaban a comer lo que tenían por costumbre, de tal manera que desde niños recibían la dieta alimentaria que mentalmente los llevaría a la esclavitud; esto sin contar que desde que van en el vientre de la madre, están siendo ministrados con el gusto de la dieta que recibirán cuando nazcan.

1. El alimento de un esclavo intenta alterar la BIOQUÍMICA y el metabolismo de la persona.

2. El metabolismo de un organismo determina las sustancias que encontrará nutritivas y las que encontrará tóxicas.

Los hebreos necesitaban de una comida que les neutralizara el gusto que llevaban por la comida de esclavos porque en Canaán encontrarían 7 alimentos que podrían asimilar, solamente si primero les quitaban de sus papilas gustativas, el deleite por aquello que los mantenía con mentalidad de esclavo.

En lo espiritual es lo mismo, por eso es necesario que para salir de la esclavitud del pecado, haya una ministración del pan de la liberación con el cual cambian los apetitos, neutraliza los deseos de la carne, rompe con la bioquímica que tiene la inclinación del alma hacia cosas negativas que conlleva al pecado.

LA ALTERACIÓN DE LA BIOQUÍMICA

Esto comprende una lista de todos los alimentos que se hicieron parte de la dieta de los esclavos en la nueva tierra, eran alimentos que en realidad degradan el equilibrio del cuerpo, ejemplo: el alimento de los de la raza obscura.

Estudios han descubierto que en las razas que fueron sometidas a la esclavitud como la raza africana, centroamericana y sudamericana, el 80% de la dieta de una persona que vive en el presente, es la dieta de la comida que tuvieron sus ancestros durante los días de esclavitud; pero nota que estoy haciendo referencia a lo que hoy se vive en el mundo.

La dieta de la raza obscura hasta el día de hoy, es de alimentos altamente concentrados en vitamina K, ingrediente responsable de la producción de coágulos sanguíneos, hablando en términos generales:

- Estos alimentos estaban sobrecargados de ácido y destructivos para el sistema digestivo.

- En exceso la vitamina K es el enemigo silencioso del sistema circulatorio, debido al hecho que espesa la sangre, poniendo una tensión en las venas y las arterias.

- La vitamina K en exceso en la sangre es en gran medida responsable de tantos accidentes cerebro vasculares y la presión arterial alta que la raza de color obscura sufre.

- En la actualidad, según los índices de mortandad sobre la raza de color obscuro, tienen un promedio de vida de 50 años y su principal incidencia es por enfermedades del corazón, por la dieta de la cual no han logrado desprenderse y consecutivamente tampoco sus hijos.

La idea de Faraón para tener una dieta como la que tuvieron los hebreos en Egipto, fue que al llegar a determinada edad, no muy avanzada sino aun jóvenes, sufrieran de un infarto y dieran lugar a los más jóvenes pero que siempre estuvieran en el mismo ciclo de vida.

Existió un personaje llamado William Lynch que durante la época de la colonia en Estados Unidos de América, tenía documentada una teoría la cual decía que a la raza obscura había que alimentarlos con una dieta que les diera fuerza pero que a la vez les redujera su vida a un promedio no problemático sino que dejaran espacio para la siguiente generación.

LOS APETITOS DEL ESCLAVO

Espiritualmente hablando significa que así es aquel creyente que aun no ha considerado que, la esclavitud que no ha sido verdaderamente rota, lo sigue anhelando un 80% por su comida.

Números 11:5 Nos acordamos del pescado que comíamos gratis en Egipto, de los pepinos, de los melones, los puerros, las cebollas y los ajos…

- Dieta de cebollas, ajos, pepinos, puerros y melones significa las cosas que la gente piensa que no podrá vivir sin ello.

- Eso significa hábitos, costumbres, tradiciones, apetitos de cosas que corrompen una vida.

Romanos 16:18 (LBA) Porque los tales **son esclavos**, no de Cristo nuestro Señor, **sino de sus propios apetitos**, y por medio de palabras suaves y lisonjeras engañan los corazones de los ingenuos.

Entonces, el placer, los deseos y el deleite son la dieta equivocada porque atraerá espíritus inmundos o demonios.

La Batalla Contra El Placer de La Víctima

EL PODER DEL PLACER

¿Qué es el placer?

Es una fuerza invisible que hace que las cosas sucedan.

1. El poder del placer trabaja en todo momento.
2. Es consistente.
3. Influencia en todo el tiempo.
4. Se toman decisiones mayores o menores por causa del placer.
5. El placer es un poder que conlleva a elegir relaciones.

El placer que busca una persona, es movido por una fuerza invisible que puede dar lugar a que muchas cosas sucedan en la vida, sea esto para bien o para mal.

La liberación de Israel de los 400 años de esclavitud duro 1 noche, la liberación de los placeres de Israel duro 40 años.

LA BIOQUÍMICA DEL PLACER

¿Cómo se define?

El placer se puede definir como un sentimiento positivo, agradable, que se manifiesta en un individuo consciente de manera natural cuando satisface plenamente alguna de sus necesidades, por ejemplo: beber cuando se tiene sed; comer cuando se está hambriento; dormir cuando se está cansado; diversión para el aburrimiento; conocimientos o cultura para la ignorancia, puedo agregar que es la curiosidad y la necesidad de desarrollar las capacidades.

LOS PELIGROS

El abuso reiterado de los placeres puede alienar, con exclusividad y mecanizar la conciencia humana, causando diversos trastornos compulsivos de la conducta.

LAS ADICCIONES

En términos generales es la drogodependencia, el alcoholismo, el tabaquismo o la ingesta compulsiva de alimentos; esto es el **LADO OSCURO DEL PLACER.**

¿Por qué es bioquímica?

Porque las sustancias responsables del placer podrían ser la dopamina, endorfinas, oxitocina y serotonina, entre otras; es decir, los químicos del cerebro del placer llamados también **químicos recompensadores del placer**.

LA QUÍMICA DEL PLACER

Existen 2 facetas en esto:

1. El aprendizaje del placer.

2. La necesidad primitiva del placer.

Explicaré cómo trabaja esto para poder aprender a **DISCERNIR LOS PLACERES** que existen y hacen lo que las escrituras **REVELAN** para no caer en los placeres ilegítimos de los días finales que alejan de Dios o **para ser libre de los ciclos negativos de los placeres negativos**.

1. EL APRENDIZAJE DEL PLACER

Significa:

- ¿Quién te enseñó de ese placer?
- ¿Quién lo activo?
- ¿Quién lo descubrió?
- ¿Quién lo estableció en tu vida?

El aprendizaje del placer, es también conocido como gustos entrenados; vienen del aprendizaje de los gustos, según la historia personal de cada uno:

Primero viene: necesito comer, disfrutar aquello, etc.

Segundo viene: Creo que es sabroso para probar.

- Cada placer crea una **MEMORIA** y al recordarlo produce regocijo, así es como el cuerpo experimenta esas emociones que, a largo plazo, entrenan las preferencias y gustos de cada persona.

- El aprendizaje del placer aprender y retiene lo aprendido.

- Recuerdas un **PLACER** porque la dopamina activa al hipocampo para que lo archive y se convierte en otra parte llamada **LA NECESIDAD PRIMITIVA DEL PLACER**.

BASE BÍBLICA

Génesis 3:11-12 Y le dijo Dios: ¿Quién te enseñó que estabas desnudo? ¿Has comido del árbol de que yo te mandé no comieses? **12** Y el hombre respondió: La mujer que me diste por compañera me dio del árbol, y yo comí.

2. LA NECESIDAD PRIMITIVA DEL PLACER:

Significa:

- Los gustos que siempre buscarás, asociarás y de alguna manera darán como el **APETITO** a ciertas cosas.

- Cuando no se disciernen los **PLACERES** pueden ser la causa de que alguien esté repitiendo un **PLACER ILEGÍTIMO** y viviendo así en un **CICLO DE PECADOS**.

EL ENGAÑO SIGNIFICA:

Que todo placer se mantiene solo por escasos minutos tras experimentar de una situación particular, pero para llegar a este estado de exaltación han sucedido diferentes procesos en el cerebro, sea conscientes e inconscientes.

¿QUÉ ES LA DOPAMINA?

Es el químico que invita a la repetición del placer.

EL ALIMENTO DE LA LIBERACIÓN

La verdadera liberación se dará en la decisión de cambiar la manera en la que se alimenta el alma.

Para eso, necesitará ser parte de un lugar, Iglesia o ministerio que crean en la liberación para que le sigan fortaleciendo la liberación de la vida de la persona que ha sido liberada.

Mateo 15:22-27 Y he aquí una mujer Cananea, que había salido de aquellos términos, clamaba, diciéndole: Señor, Hijo de David, ten misericordia de mí; mi hija es malamente atormentada del demonio. ²³ Mas él no le respondió palabra. Entonces llegándose sus discípulos, le rogaron, diciendo: Despáchala, pues da voces tras nosotros. ²⁴ Y él respondiendo, dijo: No soy enviado sino á las ovejas perdidas de la casa de Israel. ²⁵ Entonces ella vino, y le adoró, diciendo: Señor, socórreme . ²⁶ Y respondiendo él, dijo: No es bien tomar el pan de los hijos, y echarlo á los perrillos. ²⁷ Y ella dijo: Sí, Señor; mas los perrillos comen de las migajas que caen de la mesa de sus señores.

LA RAÍZ DE LA DEMONOLOGÍA

Capítulo 4

El tema de este capítulo lo he titulado de esa forma porque conlleva un estudio del origen y la estrategia de Satanás y su reino, con el énfasis en el mundo espiritual de los demonios, los ángeles caídos y los espíritus inmundos, pero con el propósito de enseñar más allá de lo que quizá hasta hoy has podido escuchar o leer en otros libros de teología. Digo esto porque muy particularmente, puedo decir que en el principio de mi carrera cristiana, recibí enseñanzas teológicas, siendo una de ellas precisamente la demonología pero solamente se enfocaban en decir que había un enemigo de Dios llamado Satanás el cual gobernaba demonios, espíritus inmundos y ángeles caídos.

En aquel entonces no se escuchaba decir respecto a espíritus íncubos y súcubos, espíritus metafísicos, receptores, emisores, vectores, espíritus zombis, etc., era muy básica la enseñanza, de tal manera que se llegaba a pensar que con aquel conocimiento era suficiente y eficiente en la confrontación de las fuerzas de maldad, sin embargo mucho se desconocía respecto a la profundidad del versículo que dice:

Juan 8:32 (LBA) ...y conoceréis la verdad, y la verdad os hará libres.

Obviamente que Jesús es la verdad, pero también esa verdad es conocimiento progresivo, es decir que en la medida que vas conociendo la verdad con relación a lo que es la enseñanza del Señor Jesucristo y todo lo que concierne a lo que El vino a hacer como ministro enviado por Dios Padre, puedes notar que de pronto llega la eficacia a tu vida en la medida que puedes profundizar más en el conocimiento de algunas cosas como lo puede ser la demonología.

Por eso, cuando veo el nivel en el que puedes estar avanzando, veo que esto viene a ser como la carrera universitaria de medicina la cual no tiene un límite, porque conforme pasa el tiempo, descubren nuevos medicamentos, aplicaciones positivas para enfermedades que se habían diagnosticado incurables, etc., las personas que estudian medicina no pueden darse el lujo de decir que terminaron porque siempre habrá algo nuevo que deben aprender en la especialidad que han decidido profundizar.

Lo mismo es la guerra espiritual, debe haber una constante actualización porque Dios permite que haya un avance con el propósito que las puertas del Hades no prevalezcan contra la Iglesia; El siempre enviará el conocimiento para poder batallar en Su orden, bajo el lineamiento jurídico que Dios ha establecido.

Puedo pensar quizá que por esa misma razón, hace muchos años atrás no se conocía respecto a la ministración al alma; la gente con problemas de espíritus inmundos o demonios, se los presentaban ante un hombre o una mujer ungidos por Dios y quizá ellos sin saber mayor cosa, alcanzaban a liberar a los poseídos o estorbados; pero realmente era la unción de Dios en Sus siervos, claro que hoy eso no ha cambiado porque no importa qué tanto conocimiento puedas tener, si Dios no está contigo, de nada servirá cursar cualquier cantidad de seminarios de liberación; es Dios a través de ti que liberta a la gente cautiva.

Sin embargo el tiempo ha pasado y Dios ha permitido que se conozca mucho acerca de **El Régimen Jurídico De Los Derechos Espirituales**; tema central que describí ampliamente en el Tomo número 4 de la serie **Equipamiento Integral Para Combatientes De Liberación**, de la cual este libro es Tomo número 10; pero entonces el punto central de esto es que si Dios ha permitido que haya mayor conocimiento a ese respecto, es para que no le cedas espacio jurídico a Satanás y que en una corte celestial él gane un caso; me refiero que si estás batallando para libertar a una persona, puedas hacerlo correctamente, primero con la unción de Dios la cual El por misericordia la derramará sobre tu vida, pero también poder hacerlo con pleno conocimiento jurídico como ya lo mencioné, saber cuáles son los derechos en los cuales puedes apoyarte espiritualmente con base bíblica.

Obviamente que si Dios está permitiendo mayor conocimiento y es progresivo, es porque las incursiones de Satanás y aun sus manifestaciones y formas, también son progresivas, por ejemplo: la Biblia dice en el libro de Génesis que después de haberle permitido la serpiente a Satanás, que fuera posesionada, se convirtió en una imagen que lo representa.

Al final de la Biblia, en el libro de Apocalipsis, el diablo tiene otra personalidad porque entonces es un dragón pero hace referencia a la serpiente antigua; es como decir que la serpiente era la figura arcaica de Satanás y al evolucionar se convirtió en un dragón.

Digo todo esto porque debes comprender entonces que el conocimiento en guerra espiritual es progresivo, razón por la cual es de suma importancia que se conozca la raíz de la demonología para que puedas saber de alguna forma, cómo está comprendida esa raíz y entonces poder tener la respuesta al por qué de muchas cosas o poder comprender cómo funcionan. Obviamente que bajo ningún punto de vista estoy menospreciando lo que enseñaban en los seminarios teológicos, pero considero que hoy puedes llegar más allá de lo que enseñó la teología, sin caer en herejías.

¿Cuál será la temática en este capítulo?

La Raíz de La Demonología

¿En qué me basaré?

1. Los ángeles caídos y su operación.

2. El origen de los demonios y su operación.

3. El origen de los espíritus inmundos y su operación.

La base bíblica en la cual me apoyo es la siguiente:

Efesios 2:2 (BAD) ...en los cuales andabais conforme a los poderes de este mundo. Os conducíais según **el que gobierna las tinieblas**, según el espíritu que ahora ejerce su poder en los que viven en la desobediencia.

Efesios 2:2 (BAF) Era el tiempo en que seguíais los torcidos caminos de este mundo y las directrices del que está **al frente de las fuerzas invisibles del mal**, de ese espíritu que al presente actúa con eficacia entre quienes se hayan en rebeldía contra Dios.

LA DEMONOLOGÍA EN EL TIEMPO FINAL

Cuando se habla de demonología, la gente que una vez escuchó a este respecto y se quedó con el concepto básico, puede pensar que se refiere solamente al hablar de demonios basados en la etimología de la palabra propiamente dicha, como ya lo mencioné anteriormente; pero ¿por qué pensaban de esa forma? Observa esta definición:

Demonología es la rama de la teología que se encarga de estudiar a los demonios y sus relaciones, haciendo alusión solamente a sus orígenes y naturaleza.

Pero este tema no solo es para saber los orígenes y naturaleza, sino cómo enfrentar las fuerzas de maldad, cómo ejercer el poder que has recibido a través de Cristo sobre las tinieblas. Entonces, la razón primordial es desarrollar el poder y autoridad sobre el reino de las tinieblas porque lo que existió como un término muy genérico, hoy puedo decir que existe en la demonología del tiempo final, con la cual podrás avanzar comprendiendo si llegas a la raíz de todo eso y ejercer el poder y autoridad que Dios te ha delegado.

Esta es una situación que aun en las guerras convencionales se pone en práctica, porque lo primero que sucede es que se busca estudiar al enemigo para saber cómo operan, cuál es su fortaleza y basado en eso se puede conocer su debilidad y es por ahí por donde se ataca, y basados en un esquema, atacar estratégicamente lo que se ha detectado como fortaleza, de tal manera que, por un lado se destruye lo que no pueden mantener y por otro lado se enfrenta una fortaleza pero con tácticas que se han proyectado que alcanzarán la pronta victoria.

LA ETIMOLOGÍA DE LA DEMONOLOGÍA

Esta palabra se compone básicamente de 2 términos:

1. **DAIMON**, el cual significa demonio.

2. **LOGÍA**, significa ciencia.

De tal manera que conocer lo que estudia la naturaleza, orígenes y operaciones de Satanás, te llevará a situación en un lugar estratégico ventajoso en medio de la batalla porque no te podrá sorprender, habrás descubierto sus esquemas y eso lo dejará debilitado operacionalmente, el elemento sorpresa con el que actúa quedará sin efecto; de ahí entonces la importancia de conocer la raíz de la demonología principalmente si eres parte de los grupos de liberación, de ministración del alma, de los que están en la mano de Dios dispuestos a salir a la batalla en el momento que El te envíe.

Posiblemente en algún momento te encuentres ante personas que te digan que mejor enseñes respecto a Cristo; esta es la actitud de personas que no creen que existe el mundo de los espíritus de las tinieblas, peor aun, por su forma de pensar, se convierten en presas fáciles de las tinieblas porque los pueden llevar por el rumbo que Satanás quiere porque como piensan que él no existe, son llevados como ovejas sin pastor.

No estoy magnificando la obra de Satanás, en ningún momento lo haría; mi vida le pertenece a Cristo y la tuya también, pero si eres llamado a trabajar en el área de liberación, es necesario que seas instruido con lo que Dios hasta hoy día ha revelado, con el propósito que no haya fallo alguno en el régimen jurídico que El estableció, porque si vives en el final de los tiempos y es donde El está revelando y permitiendo cada vez mayor entendimiento, es para que todo lo que hagas bajo la perspectiva de liberación, sea con toda la eficacia que se pueda y que no quede oportunidad para que las tinieblas vuelvan de donde han sido desalojadas.

Es lamentable que haya cristianos en contra del mundo espiritual de las tinieblas, cuando la realidad es que la Biblia tiene suficiente soporte que avala respecto a esa existencia, aun Jesús mismo tuvo mucha incidencia en la expulsión de espíritus inmundos y demonios, consecuentemente debe comprenderse que la existencia del reino de las tinieblas es real, no para asombrarse de lo que hace, sino para estar advertidos e impedir que avancen y consecuentemente poder desenmascarar sus obras.

Las 5 Religiones más Grandes y sus Creencias respecto a Satanás

- **Judaísmo.**
- **Cristianismo.**
- **Islamismo.**
- **Hinduismo.**

- **Budismo.**

Cada una de estas creencias tiene su misticismo, razón por la cual debes encontrar el equilibrio, de ahí entonces la importancia de esta enseñanza.

1.- El Judaísmo

Según el judaísmo, Satanás es un ser angelical caído que está bajo el control y dominio de Dios para Su propósito, un claro ejemplo puedo citarlo con lo que sucedió con el rey Cyro, no fue un rey de pacto con Dios, no era creyente, sin embargo Dios lo usó para que Israel restaurara todo lo malo que habían hecho en Babilonia.

La fuente doctrinal del judaísmo es con la Torah, el Talmud de Babilonia, el Talmud de Jerusalén, el Mishna, los libros del Zohar, la Gemara, la Cábala, etc.

Los diferentes tipos de judaísmo, ortodoxo, ultra ortodoxo, reformado, agnóstico, ateo, cábala.

Dentro del talmud, lo cual es un nivel de enseñanza acerca de los **DEMONIOS** pero de manera mágica, como un misticismo totalmente radical; contiene encantamientos, contiene asuntos místicos como quemar candelas blancas o negras.

Ejemplo de encantamiento: maldicen personas con el **AYIN HA RA O EL OJO MALIGNO**.

La Cábala: tiene 2 lados:

1. El lado oscuro.
2. El lado de la luz (misticismo).

El lado oscuro de la Cábala tiene lo que se llama **AYIN HA RA**, significa: **EL OJO MALIGNO**. Una creencia en la capacidad de provocar el mal con una mirada maliciosa o con la mirada fulminante. También creen que con ese **OJO** maligno pueden activar espíritus en contra de otras personas.

Igualmente conocido dentro de las culturas latinoamericanas como **MAL DE OJO**, de lo cual la creencia es que se tiene la capacidad de provocar un mal con una simple mirada pero influenciada por el **AYIN HA RA**. Dentro de la misma creencia, a los niños de una muy temprana edad, se les ataba un hilo de color rojo en la articulación de la mano, lo cual era un receptor que venía a empeorar la situación porque los espíritus inmundos podían identificarlos para ser usado como una puerta dimensional para causarle un mal al mismo niño, niña o su familia.

Una base bíblica a este respecto puede ser este versículo:

1 Samuel 18:9 Y a partir de aquel día, Saúl **miró a David con malos ojos**.

1 Samuel 18:9 (CST) Desde aquel día, Saúl **miraba a David con malos ojos**.

1 Samuel 18:9 (RVA) **...mirada con sospecha o de reojo**.

De este misticismo, otros grupos como la brujería y la hechicería, han tomado la base para usarlo activando espíritus inmundos, demonios contra personas, etc. Estas son algunas de las razones de las batallas que se libran en el mundo espiritual, de las cuales en el momento de una liberación, las entidades hablan ciertas lenguas que no vienen de Dios, buscando maldecir a la persona, aunque también pretenden hacerlo con una mirada a través del cuerpo que tiene posesionado practicando el **AYIN HA RA.**

POTESTAD PRINCIPAL EN EL JUDAÍSMO

Uno de los principales espíritus en el judaísmo es Lilith, esta entidad es considera prominente para ellos.

- Este nombre se encontró por primera vez en una inscripción sobre piedra en los años 3000 A.C.

- También se encuentra en algunas versiones de la Biblia en ciertos pasajes:

Isaías 34:14 (LPD) Las fieras del desierto se juntarán con las hienas, los sátiros se llamarán unos a otros. Allí también descansará **Lilit** y tendrá un lugar de reposo.

EL SIGNIFICADO DE LILITH

Lilit es una palabra muy difícil de traducir, sin embargo a lo que más se acerca esa palabra es a la frase: **hecha por la oscuridad**.

Es lógico porque su **MODUS OPERANDIS** es de las 3:00 AM en adelante antes que raye el alba, nunca opera durante el día aunque puede dejar su influencia; por eso es que la Biblia dice que reposa en el desierto y cita a los animales que casan durante la noche, entre ellos: la lechuza, los sátiros.

En el judaísmo se cree que es la que provoca la perversión sexual; no es solo una **ENTIDAD** de las tinieblas sino que, es una potestad que promueve el descontrol sexual. A este respecto señalé algunos puntos en el capítulo anterior, aunque también escribí 3 capítulos a ese respecto en el libro que Dios me permitió escribir el cual se titula: **LA PALESTRA DEL GUERRERO ESPIRITUAL**.

En el capítulo anterior escribí de las fantasías sexuales, de los sueños eróticos, de los sueños húmedos, escribí respecto a la forma de cómo Lilith es la cabeza de una estructura compuesta por íncubos, súcubos de lo cual permite que haya una operación de las tinieblas por medio de lesbianismo, homosexualismo, bisexualismo y con bestialismo, espíritus que conforman su estructura. Esta situación es tan pesada espiritualmente hablando, que incluso en Israel existen hospitales donde se encuentran en sus pasillos, cuadros donde figura un amuleto y una oración en contra de Lilith, principalmente en los hospitales de maternidad porque uno de sus ataques era en contra de la simiente recién nacida.

PLATO O SOPERA DE ENCANTAMIENTO

Dentro de lo que podría ser parte del folklor judío, se encuentra un plato que por dentro tiene letras hebreas en el cual están las declaraciones a favor de ellos.

Según sus creencias

El plato lo utilizaban para protegerse de demonios y espíritus inmundos, de tal manera que al recitar las palabras le ordenaban a los espíritus para que entrarán en la sopera la cual representaba una especie de cárcel espiritual de la que no podrían salir, esto bajo la creencia que conocen quién es Satanás y sus artimañas.

La importancia

Es importante que lo sepas por cuanto es un equipamiento el que estás recibiendo y no una prédica, además para que tengas un comparativo de la carencia de revelación en guerra espiritual que hubo en el pasado; pero Dios permitió que se rompiera el telón de la ignorancia cuando vino Cristo, por lo que ahora tienes más amplio conocimiento y el verdadero poder para combatir fuerzas de maldad.

2.- El Cristianismo

Según el cristianismo y basados en lo que dice la Biblia, la palabra de Dios:

1. Satanás es un ángel caído que controla el reino de las tinieblas **(Apocalipsis 12)**.

2. Es una creación de Dios y que no fue creado originalmente para el mal **(Ezequiel 28)**.

3. La meta es destruir la creación humana y afectar la eternidad del creyente.

Hablar del cristianismo o hablar de las religiones en general, es un tema muy difícil, principalmente para la Iglesia de Cristo porque la han asociado con la Iglesia tradicional; el mundo ve a evangélicos y católicos en un mismo grupo lo cual es un concepto erróneo.

3.- Islamismo

Según esta religión, Satanás se encuentra en el Corán y es un término común para referirse a cualquiera que engaña y es maligno. Ellos llaman Satán a todo aquel que no cree en su doctrina, son radicales en ese sentido, de tal manera que fuera de su religión, todo el mundo pertenece o es Satán.

4.- Hinduismo

En el Hinduismo no hay un solo Dios a quién adorar y por lo tanto no existe ni un solo adversario; ellos son los que piensan que todo es paralelismo.

5.- Budismo

Llama **MARA** a Satanás y creen que es un demonio que trae la tentación, el pecado y la muerte.

Todo lo que describí en los últimos 5 numerales, es lo que las religiones más grandes del mundo creen en relación a Satanás.

La Entrada de Satanás al Mundo

Ahora es necesario considerar la entrada de Satanás al mundo, para lo cual debes recordar lo que dijo Jesús, en relación a la rebelión de aquel ser:

Lucas 10:18 (LBA) Y Él les dijo: Yo veía a Satanás caer del cielo como un rayo.

En **Ezequiel 28** e **Isaías 14** se describe de la rebelión, destitución y expulsión de Satanás, en relación al reino de los espíritus de Dios.

La primera referencia de una posesión en la Tierra, es en Génesis capítulo 3, como lo describí anteriormente:

Génesis 3:1 Pero la serpiente era astuta, más que todos los animales del campo que Jehová Dios había hecho; la cual dijo a la mujer: ¿Conque Dios os ha dicho: No comáis de todo árbol del huerto?

- La serpiente fue la primera creatura terrenal que fue poseída.

- Como creatura, permitió que Satanás entrara en ella; si era astuta, debía haber puesto a trabajar esa astucia para no dejarse engañar por Satanás o cualquier otro ser; pero se dejó engañar y por eso Dios la maldijo.

Génesis 3:14 Y Jehová Dios dijo a la serpiente: **Por cuanto esto hiciste, maldita serás** entre todas las bestias y entre todos los animales del campo; sobre tu pecho andarás, y polvo comerás todos los días de tu vida:

Es importante mencionar que después de Génesis 3, no se menciona a ningún espíritu maligno o demonios sino hasta después del diluvio.

LAS MENCIONES DEL NOMBRE SATANÁS

Partiendo de ese momento cuando Satanás logra aquel engaño, se convierte en alguien conocido por las culturas del mundo en la historia de la humanidad. De hecho en toda la Biblia el nombre Satanás aparece en 49 versos y 56 menciones, esto sin considerar algunos otros títulos o epítetos como, el tentador, el acusador, el ladrón, etc., que también son propios de Satanás:

1. **1 Crónicas:** 1 verso, 1 mención.

2. **Job:** 11 versos, 14 menciones.

3. **Salmos:** 1 verso, 1 mención.

4. **Zacarías:** 2 versos, 3 menciones.

5. **Mateo:** 3 versos, 4 menciones.

6. **Marcos:** 5 versos, 6 menciones.

7. **Lucas:** 6 versos, 6 menciones.

8. **Juan:** 1 verso, 1 mención.

9. **Hechos:** 2 versos, 2 menciones.

10. **Romanos:** 1 verso, 1 mención.

11. **1 Corintios:** 2 versos, 2 menciones.

12. **2 Corintios:** 3 versos, 3 menciones.

13. **1 Tesalonicenses:** 1 verso, 1 mención.

14. **2 Tesalonicenses:** 1 verso, 1 mención.

15. **1 Timoteo:** 2 versos, 2 menciones.

16. **Apocalipsis:** 7 versos, 8 menciones.

En el último libro de la Biblia, es donde más se menciona, ese énfasis deja ver que las incursiones aumentarán en este tiempo final porque Satanás sabe que le queda poco tiempo y consecuentemente ha descendido con gran furor a la Tierra dice la Biblia.

Las Estructuras del

Mundo de la Angelología

Cuando Satanás cae, le surge la necesidad de formar estructuras espirituales, eso dio lugar a que hiciera contrataciones dentro de las cuales se enfocó al mundo angelical; de ahí surge entonces lo que se conoce como **ANGELOLOGÍA**, es de donde puede verse qué tipo de ángeles estaban involucrados en aquellas contrataciones; ¿por qué lo hizo?, porque sin una estructura el poder de Satanás no podría ser manifestado porque él no es omnipresente, de tal manera que actuando solo, estaría limitado.

Como lo dejé muy claro anteriormente, no es mi propósito magnificar el poder de Satanás, sin embargo es necesario que mencione algunas cosas que me sirven didácticamente para darme a entender y que puedas quedarte con una panorámica lo más ampliamente posible.

Dejo escrito esto, porque al decir que la Biblia misma dice que Jesús tenía conciencia de las estructuras de Satanás, lo hizo para aclarar cierta situación que estaba suscitándose en determinado momento:

Mateo 12:25-26 (LBA) Y conociendo *Jesús* sus pensamientos, les dijo: Todo reino dividido contra sí mismo es asolado, y toda ciudad o casa dividida contra sí misma no se mantendrá en pie. ²⁶ Y si Satanás expulsa a Satanás, está **dividido contra sí mismo**; ¿cómo puede entonces mantenerse en pie su reino?

Dicho en otras palabras, todo el problema del mundo se debe a que la estructura de Satanás está funcionando y debido a los receptores que existen en la humanidad, puede trabajar adecuadamente; además Satanás con cierto conocimiento que alcanzó estando cerca de Dios, sabe que la unidad es importante y el poder que puede alcanzar en unidad, puede establecer las estructuras y con la perseverancia que sostiene, alcanzar muchas cosas.

Por eso es que Satanás bajo ese conocimiento de lo que es la unidad, no permite la división en su reino pero trabaja en pos de establecer divisiones en general, principalmente contra la Iglesia.

Entonces, cuando hace las correspondientes contrataciones, hace una estructura donde existen las funciones específicas y conexiones a la vez; esto es a lo que se refiere el Apóstol Pablo en el libro de Efesios:

Efesios 6:12 (RVA) ...porque nuestra lucha no es contra sangre ni carne, sino contra **principados**, contra **autoridades**, contra los

gobernantes de estas tinieblas, contra **espíritus** de maldad en los lugares celestiales.

LOS 4 NIVELES DE LA ESTRUCTURA PRINCIPAL DE SATANÁS

1. Principados (Arkay o Arche).

Los primeros en turno, tiempo, en todo; líderes predominantes porque son los primeros de la creación de Dios. Una referencia a este respecto la puedes ver en **Hechos 13:50.**

2. Gobernadores (Kosmokrator).

Gobernantes de la oscuridad, gobernantes mundiales, regidores de leyes espirituales, espíritus manipuladores del liderazgo mundial y eclesiástico. La especialidad de estas entidades es el aspecto jurídico, conocen mucho respecto al régimen de los derechos espirituales. Referencia bíblica: **Mateo 27:11, Daniel 10.**

3. Autoridades (Exousía).

Autoridades de atmósferas inferiores, ocupan diferentes niveles de autoridad, porque de esto también debes saber que existen distintos niveles de autoridad. Referencia bíblica **Hechos 13:50; Mateo 8:5.**

4. Huestes (Pneuma).

Son espíritus de maldad, tienen nombres genéricos, ocupan lugares celestiales, afectan a la humanidad y animales; de este último punto debo hacer énfasis en que, los animales fueron creados el mismo día que hicieron al hombre y tienen cierta materia igual que la humanidad; pero el punto a lo que deseo referirme con esto es que, los espíritus inmundos buscan un medio que los pueda transportar porque de otra forma no prolongan su estadía terrenal.

Su medio de transporte debe ser compatible con ellos por cuanto el espíritu inmundo es un espíritu humano irredento, es el espíritu de un humano que vivió perdidamente rechazando a Cristo cuando tuvo su oportunidad de aceptarlo, de tal manera que cuando muere, queda inmundo buscando un receptor que lo acepte, sea ese receptor humano o animal. Referencia bíblica **Efesios 6:12.**

Esto me lleva a que los espíritus que pertenecen al mundo espiritual de las tinieblas, deben recordar que existen nombres genéricos por la degradación en la que cayeron, dicho en otras palabras, el espíritu humano en una persona tiene el nombre que le asignaron como persona, pero al morir de forma irredenta, le asignan un nombre genérico por su oficio o por lo que se dedicó mientras vivía, por ejemplo: el espíritu de alcoholismo buscará a una persona que tenga ese receptor y funcionará en ese cuerpo hasta destruirlo.

ESPÍRITUS INMUNDOS

Puedo decir que los principales espíritus inmundos que operan en la esfera física, son los siguientes:

1. El espíritu de enfermedad.
2. El espíritu de temor.
3. El espíritu de adivinación.
4. El espíritu de fornicación.
5. El espíritu de esclavitud.
6. El espíritu de altivez.
7. El espíritu de perversión.
8. El espíritu de desaliento.
9. El espíritu de celos.
10. El espíritu de mentiras.
11. El espíritu de error.
12. El espíritu de estupor.
13. El espíritu maligno.

Es muy interesante que los nombres, títulos o epítetos con los que se conoce Satanás, están íntimamente relacionados con el número 13 por cuanto en gematría bíblica los nombres con los que se le conoce a esta entidad, cuando se suma el valor numérico de cada letra, tiene múltiplo del número 13. De tal manera entonces que de los 13 espíritus inmundos principales que enlisté, se derivan otros 13 para formar estructuras, por ejemplo:

LAS ESTRUCTURAS DE HUESTES ESPIRITUALES

1.- Espíritu de enfermedad (generalmente atacan más a la mujer):

1. **Debilidad o flaqueza.**
2. **Cáncer.**
3. **Problemas del seno.**
4. **Enfermedades del corazón.**
5. **Diabetes.**
6. **Artritis.**
7. **Tensión alta.**
8. **Hemorragias o flujo, hipertensión.**
9. **Infecciones vaginales.**
10. **Derrame cerebral.**
11. **Fiebres.**
12. **Alergias.**
13. **Depresión.**

Base bíblica:

Lucas 13:11 (LBA) ...y había allí una mujer que durante dieciocho años había tenido una enfermedad causada por un espíritu; estaba encorvada, y de ninguna manera se podía enderezar.

5.- Espíritu de esclavitud (generalmente atacan más al hombre):

1. **Alcoholismo.**
2. **Drogadicción.**
3. **Tabaquismo.**
4. **Narcisismo.**
5. **Problemas bioquímicos (dopamina).**
6. **Manipulación.**
7. **Codependencia.**
8. **Presión a la inmoralidad.**
9. **Violencia.**
10. **Rebelión.**
11. **Adicto a la TV.**
12. **Adicto a fármacos.**
13. **Adicto a la pornografía.**

Base bíblica:

Romanos 8:15 (LBA) Pues no habéis recibido un espíritu de esclavitud para volver otra vez al temor, sino que habéis recibido un espíritu de adopción como hijos, por el cual clamamos: ¡Abba, Padre!

Quise poner estos 2 grupos de 13 para que te formes una idea de cómo pueden ser los otros grupos y también para ejemplificar los niveles de autoridad porque en estos grupos podría decir que son los soldados de más bajo nivel, aunque no por eso dejan de dañar; al contrario, lo que pueden hacer solos, llaman a otro para que los respalde y que juntos hagan sinergia para destruir a una persona.

La pregunta con todo esto puede ser: **¿de dónde vienen?**

La Cosmovisión de Los 5 Mundos

Ya explique en el primer capítulo **El mundo de los espíritus**, **Las estructuras espirituales** qué es la cosmovisión; ahora lo que corresponde es ver los 5 mundos para ubicar el origen de las entidades invisibles, espirituales, etc., con los que tienes la guerra espiritual, pero antes observa lo siguiente:

¿QUÉ ES COSMOVISIÓN?

La respuesta directa es: **visión del mundo**. También dejé por escrito que la palabra cosmovisión es la perspectiva, concepto o representación conceptual que determinada una cultura o persona en forma de realidad. Por lo tanto, la cosmovisión es el marco de interpretar la realidad del mundo creado.

Significa: Imagen o figura general de la existencia, realidad o mundo.

La Biblia deja ver que Dios es el creador del mundo y que tiene en mente un nuevo mundo, base bíblica:

Apocalipsis 21:1-2 (LBA) Y **vi un cielo nuevo y una tierra nueva**, porque el primer cielo y la primera tierra pasaron, y el mar ya no existe. ² Y vi la ciudad santa, la nueva Jerusalén, que descendía del cielo, de Dios, preparada como una novia ataviada para su esposo.

Para poder comprender el cielo nuevo y la tierra nueva, así como también las entidades, observa el siguiente cuadro donde inicio describiendo los 5 mundo y debajo de cada uno, los eventos que se acreditaron en cada uno de ellos:

1) Mundo Angelical	2) Mundo humano	3) Mundo Adámico	4) Mundo Presente	5) Nuevo Mundo
Gen. 3: Eternidad pasada Mundo Luzbeliano	Gén. 1:26 Género Humano	Génesis 2:7 Adam	Génesis 9:1 Noé	Mundo Venidero después de Milenio
REBELION	CONTAMINACION	DESOBEDIENCIA	LEY - PECADO Y GRACIA POR MEDIO DE CRISTO	REINO DE PAZ
SATANAS Y ANGELES	HUMANOIDES	HOMBRE MORTAL	PECADOR - MUERTE	INMORTALES
JUICIO POR AGUA	DILUVIO GEN 1	DILUVIO GEN 7	JUICIOS CORRECTIVOS	ESPIRITUS PERFECTOS
JUICIO FINAL LAGO DE FUEGO ANGELES CAÍDOS	CONDENACION ETERNA DEMONIOS	JUICIO POR AGUA ESP. INMUNDOS	LEVES TRIBULACION ESP. JUSTOS	DESPUES DE 1000 AÑOS JUICIO FINAL

LAS PRIMERAS MENCIONES DEL MUNDO DE LOS ESPÍRITUS

Un detalle muy interesante en todo esto es que, Moisés en su calidad de autor de los primeros 5 libros de la Biblia: Génesis, Éxodo, Levíticos, Números y Deuteronomio; aunque algunos dicen que Moisés los inició y otro personaje los tuvo que haber terminado, la esencia se le atribuye a Moisés; pero en ningún momento hace referencia a las entidades demoníacas antes del diluvio, solamente hace mención en Génesis 3, después no menciona nada, pero eso no significa que no existieran porque efectivamente la caída de Satanás ya había tenido lugar, aunque no lo menciona, y puedes ver la primera mención de espíritus malos después del diluvio, en el libro de Jueces por ejemplo como lo dice Jueces 9:23, aunque aparece en varios versículos:

Jueces 9:23 ...envió Dios un **espíritu malo** entre Abimelec y los hombres de Siquem. Y los de Siquem se levantaron contra Abimelec...

Moisés no mencionó ningún demonio ni espíritu inmundo, fue mucho después como lo puedes ver a continuación:

Levíticos 17:7 Y ya no sacrificarán sus sacrificios a **los demonios** con los cuales se prostituyen. Esto les será estatuto perpetuo por todas sus generaciones.

Salmos 106:37 Sacrificaron a sus hijos y a sus hijas a **los demonios**…

1 Samuel 28:7 Entonces Saúl dijo a sus siervos: Buscadme una mujer que sea **médium (espíritu familiar KJV)** para ir a consultarla. Y sus siervos le dijeron: He aquí, hay una mujer en Endor que es médium.

Desde Génesis hay vestigio de la existencia de demonios y su modus operandi, pero fue solamente hasta el tiempo del fin, el tiempo actual, que Dios por amor a ti, está revelando todo lo que estás aprendiendo, con el propósito que puedas anticiparte o desenmascarar las obras de las tinieblas y que los esquemas de Satanás queden anulados o sin efecto alguno sobre tu vida o la vida de las personas que tienes la oportunidad de libertar en el nombre de Jesús.

EL ORIGEN DEL MUNDO DE LAS TINIEBLAS

Capítulo 5

En el capítulo anterior enseñé la raíz de la demonología, empezando por el concepto o idea que se tenía en la antigüedad, creyendo que solamente había un tipo de entidades y por esa misma razón se enfocaban en estudiar la manifestación de los demonios; sin embargo, el tiempo ha transcurrido y Dios sigue derramando de Su sabiduría y entendimiento para que al hablar de demonología, haya una panorámica más amplia respecto a la forma en que opera en mundo de las tinieblas, y así comprender que existen estructuras, niveles de autoridad y que conocen del régimen jurídico de los derechos espirituales que Dios ha establecido; lo conocen para que a través del engaño, la humanidad le falle a Dios y las tinieblas tengan libertad para aprisionar almas y destruir vidas.

Cuando me refiero al origen del mundo de las tinieblas y basado en lo descrito anteriormente, me refiero a que no me enfoco solamente a un nivel o una estirpe; realmente existen por lo menos 3 orígenes o segmentaciones:

- El origen de los ángeles caídos y su operación.
- El origen de los demonios y su operación.
- El origen de los espíritus inmundos y su operación.

Cada grupo tiene diferente naturaleza, aunque cuando me refiero a naturaleza no estoy diciendo que sean de otra materia prima, porque en principio son espíritu; decir naturaleza, es como referirme a la función y/o especialidad que cada uno ejerce en el reino de las tinieblas. De tal manera que a continuación describiré el primer mundo en relación al cuadro final que presenté en el capítulo anterior:

El Primer Mundo: Ángeles Caídos

TIEMPOS DE REBELIÓN ANGELICAL

Algunas escuelas teológicas podrían encontrar diferencia en relación al orden cronológico en que presentaré los versículos que presentaré de forma didáctica. Digo esto porque, después que Satanás juntamente con ángeles gobernó en el primer mundo o mundo luzbeliano a la creación que ahí existió; lo hizo con ese tipo de ángeles de los cuales puedo decir que eran una creación angelical pero para permanecer sobre el mundo, no con el privilegio de subir al cielo y volver en cualquier momento como lo hacen otro tipo de ángeles; eran considerados ángeles terrenales, no terrícolas ni humanos, sino que eran de naturaleza angelical pero insisto, para permanecer en el mundo gobernando por delegación de Luzbel, gobernando desde lo que puedo decir, su cuartel general donde estaba el monte santo.

Esos ángeles que gobernaban juntamente con Luzbel, no eran precisamente los que él había contratado, sino que eran los que le habían asignado, pero como ellos tenían en calidad de cobertura a Luzbel, le obedecían y por ser su mayor líder o jefe inmediato, no tuvo que convencerlos de nada para lo que tenía planificado en su corazón; lo que le restaba hacer era conquistar el corazón de los ángeles del cielo, aquellos que estaban en la esfera celeste porque eran otro rango o tenían otra función, a ellos se refiere este versículo:

Apocalipsis 12:4 (LBA) Su cola arrastró la tercera parte de las estrellas del cielo y las arrojó sobre la tierra. Y el dragón se paró delante de la mujer que estaba para dar a luz, a fin de devorar a su hijo cuando ella diera a luz.

Ahora observa el siguiente versículo que muestra cómo es que en el momento de la rebelión, hubo ángeles que decidieron degradarse, dejar el lugar de preeminencia que Dios les había asignado, lo hicieron por el grado de contaminación que permitieron en su vida:

Génesis 6:2 (LBA) ...los hijos de Dios vieron que las hijas de los hombres eran hermosas, y tomaron para sí mujeres de entre todas las que les gustaban.

Este tipo de ángeles voluntariamente se vieron sometidos a una destitución, fueron constituidos por Dios en lo que eran con funciones específicas que decidieron abandonar, por consiguiente no tienen opción a ser restituidos; perdieron todos sus galardones por verse inmiscuidos en pecado de tipo sexual. Aunque pierden sus galardones como un militar en lo natural, pierde todos sus reconocimientos en determinado momento o por alguna situación especifica, pero no pierde el entrenamiento recibido; de igual forma los ángeles sabían muchas cosas de lo que sucede en el cielo y sabían cómo enfrentar determinados ataques o llevar a cabo algunos ataques en pos de alcanzar cierto dominio.

Judas 1:6 (LBA) Y a los ángeles que no conservaron su señorío original, sino que abandonaron su morada legítima, los ha guardado en prisiones eternas, bajo tinieblas para el juicio del gran día.

Este es otro grupo de ángeles, porque abandonaron todo lo que eran pero no tuvieron oportunidad de otra cosa, sino que inmediatamente fueron conducidos a una cárcel. Entonces con este grupo de ángeles puede ver que son 3 diferentes grupos, pero aun falta que sigan cayendo, porque recuerda que estoy describiendo ángeles caídos.

Por eso debes saber también que cuando estás en medio de una liberación donde es un ángel caído el protagonista; la liberación es propiamente de su influencia, en esa liberación no hay por lo general expulsión de un cuerpo porque no habitan cuerpos humanos, aunque pueden hacerlo, un ejemplo que puedo citar es lo que le sucedió a Judas; después de haber comido el bocado de pan, Satanás entró en él **(Lucas 22:3)**, para hacer lo que hizo, pero también debes saber que fue Judas quien propició aquel escenario.

Los ángeles generalmente no poseen cuerpos humanos porque al hacerlo se limitan en tiempo y espacio, pero eso no significa que estén al margen de influenciar humanos.

LOS ÁNGELES CAÍDOS

Sus características:

1. No posesiona porque se limitan en espacio.
2. Solo influencia con su especialidad en rebelión.
3. Ponen cobertura de manipulación y rebelión.
4. Actúan como una serpiente que inocula veneno y se alejan.
5. Pueden entrar en el cuerpo, alma y espíritu pero no es lo usual.

Entonces, si bien es cierto que no es por regla general que los ángeles caídos no poseen cuerpos humanos, también es necesario discernirlos porque se disfrazan como ángeles de luz. Pero más importante aun, es saber por qué pueden influenciar a una persona; esto tiene lugar cuando encuentran un receptor, por ejemplo: cuando existe un resentimiento o una amargura aunque sea producto de una injusticia; el ángel caído ejerce su influencia sobre la persona porque haya un clima con el que se siente identificado, ¿por qué?, porque es la atmósfera que crearon en el momento que se rebelaron contra Dios.

Otra de las cosas que les puede abrir puertas a los ángeles caídos es el principio de la autoridad, aunque esto mismo está íntimamente relacionado con la amargura y la rebelión, porque es parte de un proceso. Por eso la persona que esté siendo influenciada por un ángel caído, no tendrá las mismas manifestaciones que una persona que esté endemoniada; no es la misma influencia de una entidad interna y una entidad externa. La entidad que se manifiesta de adentro hacia afuera, puede ser de lo más violenta, visible, detectable; su comportamiento no es normal al punto que puede sufrir deformaciones físicas principalmente en el rostro.

La influencia de un ángel caído no es la misma porque no tiene el control absoluto de la persona, no está en el interior de la persona; está influenciando a una persona por el receptor que pueda encontrar pero eso no llegará al mismo escenario; aunque lo cambiará en su forma de pensar, de actuar, de verlas cosas o percibirlas porque está influenciado por un ángel caído, sinónimo de rebelión. Por eso es necesario que haya discernimiento de espíritus porque el engaño puede ser tal como lo deja ver este versículo:

2 Corintios 11:14 Y no es de extrañar, pues aun Satanás se disfraza como ángel de luz.

El Discernimiento De Los Ángeles

La Biblia dice que se puede discernir el fluir angelical a través de un don, partiendo en que los ángeles son espíritus al igual que tú, porque eres espíritu en un cuerpo; ellos también son espíritu en un cuerpo, ellos con cuerpo de ángel y tú con cuerpo humano.

- **El don de discernimiento de espíritus.**

1 Corintios 12:10 …a otro, el hacer milagros, y a otro, profecía; **a otro, discernimiento de espíritus**; a otro, diversos géneros de lenguas; y a otro, interpretación de lenguas.

En los grupos de liberación es necesario contar con ese don, de tal manera que si alguien lo desea, Dios se lo concederá porque es como una delegación de Sus ojos, entonces puedes detectar el movimiento espiritual que no se percibe con los ojos naturales.

- **El discernimiento producto del conocimiento y la madurez.**

También debes saber que el don de discernimiento no funciona las 24 horas del día, si alguien tiene ese don, no es para que esté discerniendo a toda persona con la que se encuentre en su camino. El don de discernimiento se activará en el momento justo cuando sea necesario porque Dios lo habrá concedido precisamente para el discernimiento de espíritus y cuando tengas una delegación ministerial específicamente donde sea necesario poner a trabajar ese don.

Filipenses 1:9 Y esto pido en oración, que vuestro amor abunde aún más y más en **conocimiento y en todo discernimiento**…

Claro que Dios permite que Sus siervos avancen de muchas maneras, pero en la medida que El lo concede.

Hebreos 5:14 ...mas el alimento sólido es para los que **han alcanzado madurez**, para los que por el uso tienen los sentidos ejercitados en el **discernimiento del bien y el mal**.

Este versículo deja ver que el hecho de tener cierto conocimiento, también ayuda a poder discernir. Por eso es importante el conocimiento el cual Dios está permitiendo que te sea atribuido para el desarrollo en Su obra; ciertamente es un cúmulo de información y conocimiento pero debes saberlo administrar con el propósito que actúes sabiamente porque cuando llevas ese conocimiento, lo que continúa es el entendimiento de las cosas lo cual no es más que el ordenamiento de toda esa información; es como si recibieras muchos libros en una caja para ordenarlos y en la medida que lo haces, sabes de qué se trata cada uno y en el momento en qué te servirá.

Posteriormente, si ya existe una sinergia entre conocimiento y entendimiento, entonces llega la sabiduría la cual no es más que la aplicación del entendimiento que hayas alcanzado; todo eso es lo que te ayuda a discernir por el conocimiento y es una de las razones por las cuales Dios te ha llevado a equiparte a un nuevo nivel con este libro, los que ya leíste anteriormente y los que aun falta que leas porque todos pertenecen a una misma unción que se resume en una palabra: **LIBERACIÓN**.

Una vez que logras el conocimiento, el discernimiento lo puedes recibir de Dios cuando se lo pidas, con el cual puedes discernir que, por lo menos existen 3 grupos de ángeles:

1. **Los que están activos en el reino de Satanás.**

Apocalipsis 12:4 Y su cola arrastró la tercera parte de las estrellas del cielo y las arrojó sobre la tierra. Y el dragón se paró delante de la mujer que estaba para dar a luz, a fin de devorar a su hijo tan pronto como naciese.

2. **Los que están prisioneros en el tártaro.** Aquí puedo decir también que cuando estés liberando a una persona, de toda influencia de ángel caído; no debes hacerlo y pretender que se quede deambulando, sino que, debes liberar de toda influencia de ángel caído y con la autoridad que tengas de parte de Dios, mandarlo al tártaro, porque ahí está lo que

Dios creó para retener limitado a ese tipo de ángeles.

2 Pedro 2:4 Porque si Dios no perdonó a los ángeles que pecaron, sino que los arrojó al infierno y los entregó a prisiones de oscuridad, a ser reservados para el juicio…

En Apocalipsis puede ver que se menciona de un ángel que, cuando Satanás sea atado, ese ángel trae una cadena:

Apocalipsis 20:1-2 (LBA) Y vi a un ángel que descendía del cielo, con la llave del abismo y **una gran cadena en su mano**. ² Prendió al dragón, la serpiente antigua, que es el Diablo y Satanás, y lo ató por mil años…

Eso puede darte una clara idea que cuando Dios expulsa a un ser que se ha rebelado, lo destina el lugar donde estarán cautivos como sucederá con Satanás, aunque es algo que está por tener lugar, también es cierto que es un evento a corto plazo. Surge la interrogante **¿cómo será esa cadena?**, porque no puede ser una cadena simple como la que puedes conocer, sino que debe ser especial, me atrevería a decir que es una cadena dimensional para que pueda tener el efecto de encadenar a un ser como Satanás.

3. Los que permanecen con Dios. Obviamente que si están con Dios, no tiene la categoría de Dios, ellos están para servirlo a El, son siervos que envía para ayudarte en determinado momento, por consiguiente no son tus siervos, de tal manera que si deseas que un ángel realice determinada tarea, debes suplicarle a Dios por lo que deseas para que El envíe Sus ángeles, ellos responderán en obediencia a lo que el Señor les diga.

Apocalipsis 12:7 Y hubo una gran batalla en el cielo: Miguel y sus ángeles luchaban contra el dragón; y luchaban el dragón y sus ángeles…

No puedes pretender hablarle a los ángeles como si fueran tus sirvientes porque incluso, ellos tienen una jerarquía mayor que la tuya:

Salmos 8:4-5 (LBA) …*digo:* **¿Qué es el hombre para que de él te acuerdes**, y el hijo del hombre para que lo cuides? [5] ¡Sin embargo, **lo has hecho un poco menor que los ángeles**, y lo coronas de gloria y majestad!

Debes tener cuidado con esa situación porque no son Dios para adorarlos, pero tampoco tus sirvientes para pretender darles ordenes y que obedezcan; claramente dice el versículo anterior que la humanidad es menor que los ángeles.

ÁNGELES EN FORMA DE HOMBRES

Considera incluso que hubo ángeles que se presentaron en forma de hombres:

- **Génesis 18:2-3** Seres angelicales se le aparecen a Abram.

- **Génesis 19:1** Seres angelicales llegan con Lot.

3. **Génesis 32:1** Seres angelicales se le aparecen a Jacob mientras huía de Esaú.

4. **Hebreos 13:2** Seres angelicales hospedados en hogares como lo muestra este versículo:

Hebreos 13:2 No os olvidéis de la hospitalidad, porque por ella algunos, sin saberlo, hospedaron ángeles.

Por eso es importante suplicarle a Dios que te envíe el don de discernimiento y mantener activo este conocimiento.

El Segundo Mundo:

Demonios

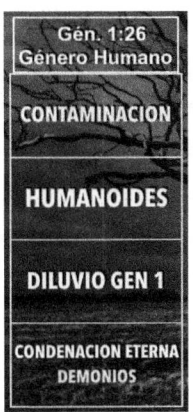

LOS ORÍGENES DE LOS DEMONIOS

Los demonios son espíritus sin cuerpos de una raza preadámica, y que como juicio, perdieron sus cuerpos.

Génesis 1:1 En el principio creó Dios el cielo y la tierra.

Este primer versículo de la Biblia fue donde se establecieron los planes existenciales en el orden de Dios, sin embargo, cuando llega el Profeta Jeremías, dice lo siguiente:

Jeremías 4:23 Miré la tierra, y he aquí que estaba desordenada y vacía; y los cielos, y no había en ellos luz.

Como apuntalando lo dicho en **Génesis 1:2**, por consiguiente eso me deja ver que existe una historia no descrita en ese mismo espacio, no obstante existen capítulos de la Biblia que permiten ver qué fue lo que ahí sucedió, por ejemplo, los capítulos donde se describe la rebelión luciferina: **Ezequiel 28**; **Isaías 14**.

LOS DEMONIOS

Poseen una fuerza superior al espíritu inmundo, su principal objetivo es matar, no pretenden prolongar su estadía en un cuerpo. Después de haber usado el cuerpo por un corto período, su segundo paso es destruir o matar.

- Ellos perdieron un cuerpo de luz que hoy poseen los cristianos, por eso su objetivo es destruir lo que ellos perdieron.

Los demonios, son espíritus de otras esferas que cayeron en la era angélica del mundo luzbeliano y del mundo humanoide; los demonios pueden venir de ángeles caídos pero muy particularmente de los humanoides. El fuerte deseo de destrucción que los demonios llevan dentro, es porque desean vengarse por lo que les sucedió, por lo que perdieron, por no haber cumplido su objetivo de rebelión.

El Discernimiento de

Los Demonios

LOS DEMONIOS EN EL NUEVO TESTAMENTO

En el Nuevo Testamento la palabra demonio, tiene su origen en un término griego que se pronuncia: **Daimonio**, esa palabra permite la idea de una entidad invisible, incorpórea que pertenece a la esfera de espíritus malos o malvados. Considera entonces, que cuando me refiero a espíritus, no son precisamente inmundos, sino más bien debes tomar la esencia de lo que estoy explicando para poder diferenciar quién es quién, ¿por qué?

1. Porque son de naturaleza demonio y no de espíritu inmundo.

2. Una importante referencia es que cada vez que en el Nuevo Testamento se habla de un **DEMONIO**, se utiliza la palabra **POSEIDO**. Puedo agregar entonces que aquí es donde se debe activar el don de discernimiento que Dios te haya activado, aunque también está el conocimiento que igualmente El te haya permitido.

3. Es decir **POSEIDO** por un demonio, es la primera característica, también puedes ver que en el momento en que es un demonio

poseyendo un cuerpo; la persona está en total riesgo de muerte porque a los demonios no les interesa permanecer por mucho tiempo en un mismo lugar, lo que buscan es destruir para saciar su venganza.

Una forma puede ser incluso que haya un escenario donde la persona que está poseída, empiece a destruirse por sí misma, por ejemplo: mutilarse, sacarse los ojos, morderse la lengua o cualquier otra parte de su cuerpo, incluso buscar el suicidio porque lo que busca el demonio es la destrucción total del cuerpo que tiene poseído.

Ahí es precisamente donde el tú como combatiente de liberación, debes atar y ligar al demonio para inhabilitar su ataque de destrucción, principalmente debes hacerlo antes que inicie su manifestación para no darle espacio a lo que pretende hacer, esto es como una estrategia de liberación antes que la persona sea dañada.

4. Un demonio tiene el intento de POSESIÓN completa, es decir espíritu, alma y cuerpo.

5. Cuando se habla de un espíritu, se dice atormentado por un espíritu de maldad, malo o inmundo.

6. Los demonios no necesariamente necesitan un cuerpo para prolongar su permanencia en la Tierra porque como ya lo mencioné, lo que ellos buscan es destruir.

7. Los demonios están detrás de una venganza ancestral la cual está relacionada con:

- Un juicio.
- La perdida de su cuerpo de luz.
- La sustitución de su creación por otra, entiéndase la creación preadámica.

MODUS OPERANDI DE LOS DEMONIOS

En el idioma hebreo se puede llegar al conocimiento por el significado de sus raíces así como saber cómo opera.

Salmo 106:37 Sacrificaron a sus hijos y a sus hijas a los **demonios**...

Raíz principal en el idioma hebreo:

shed de H7736; demonio, maligno.

Se deriva de este término:

shud #7700: raíz primaria; devastar: destruir.

A la vez se deriva de este término:

shod #7701: de H7736; violencia, furia: asolamiento, despojador, destrucción, devastador, opresión, robar.

De todos los significados puedes obtener la clase de operación que realizan, de tal manera que cuando estés en medio de una liberación de demonios, es contra todo esto con lo que debes enfrentarte. Si llegas a un lugar donde el demonio ya empezó a manifestarse, lo que verás es parte de todo lo que describen estos significados.

OPRESIÓN DEMONÍACA

¿Qué significa? Angustia mental, un cruel control mental, pensamientos negativos.

Cuando hay una opresión demoníaca, la mente sufre como una pesadez y es muy difícil la concentración y funciones de una persona porque entonces actúa a la voluntad del demonio.

EL CAMPO DE BATALLA

Uno de los campos personales donde toma como centro de mando, es la mente del ser humano, ¿por qué?

1. Porque la verdadera batalla es en la mente.

2. Porque los pensamientos cautivos se convierten en materia prima de los demonios.

3. Porque las fortalezas son mentales.

POSESIÓN DEMONÍACA

¿Qué significa? Tomar el control por completo de una persona, incluyendo espíritu, alma, y cuerpo.

La posesión demoniaca abarca los pensamientos, la mentalidad, las acciones físicas y la dirección espiritual de la persona; carece de pensamientos normales y puros porque todo es manipulado por el demonio.

IMPORTANTE

1. Un cristiano puede ser oprimido por un espíritu o un demonio, como parte de un proceso de afuera hacia adentro.

2. Un cristiano puede ser endemoniado en el cuerpo y en el alma pero **NO POSESIONADO** porque su espíritu humano ya fue redimido, sin embargo su cuerpo y alma pueden estar en pleno proceso, por consiguiente puede estar posesionado en el cuerpo y alma por un espíritu inmundo o un demonio; esto es diferente a lo anterior, es inverso porque el proceso es de adentro hacia afuera, aunque, como ya lo he mencionado, eso deja fuera la posibilidad que su espíritu sea posesionado porque el espíritu humano de ese cristiano fue reconectado con Dios.

LA RAZONES POR LAS QUE UN CRISTIANO PUEDE ESTAR ENDEMONIADO

1. Por pecados no confesados.

2. Por no apartarse del pecado.

3. Por la falta de arrepentimiento.

BASE BÍBLICA: El arrepentimiento verdadero lleva a la liberación total o definitiva.

LA NATURALEZA DE LOS DEMONIOS

Los significados de su naturaleza, señalan que los demonios pueden crear lo siguiente:

1. Enfermedades.

2. Todo tipo de problemas.

3. Obstáculos.

4. Conflictos a través de circunstancias o usando personas impías.

5. Mentalidad de suicidio y ambientes de muerte.

Esto es diferente a los espíritus inmundos, porque estos necesitan un cuerpo para permanecer, su meta es continuar con sus instintos inmundos y prologarse en la Tierra por cuanto son espíritus humanos irredentos; la meta no es matar a su víctima porque la necesitan como un medio de transporte. También debes recordar siempre que, es muy diferente la posesión demoníaca y la opresión demoníaca.

El Tercer Mundo: Espíritus Inmundos

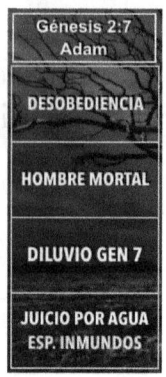

LOS ORÍGENES DE LOS ESPÍRITUS INMUNDOS

Los espíritus inmundos son los espíritus de los cuerpos de aquellos que murieron en el diluvio, considerados por consiguiente como la raza irredenta en los días de Noé.

Génesis 6:5-7 Y vio Jehová que la maldad de los hombres era mucha en la tierra, y que todo designio de los pensamientos del corazón de ellos era de continuo solamente el mal. **6** Y se arrepintió Jehová de haber hecho hombre en la tierra, y le pesó en su corazón. **7** Y dijo Jehová: Raeré de sobre la faz de la tierra, a los hombres que he creado, desde el hombre hasta la bestia, y hasta el reptil y las aves del cielo, porque me arrepiento de haberlos hecho.

1 Pedro 3:20 ...los cuales en tiempo pasado fueron desobedientes, cuando una vez esperaba la paciencia de Dios en los días de Noé, mientras se aparejaba el arca; en la cual pocas, es decir, ocho almas fueron salvadas por agua.

De los que fueron muertos en el diluvio, parte de esos espíritus fueron encarcelados como lo deja ver el versículo anterior, y otra parte, Dios los dejó vagabundear en el segundo cielo y otros fueron a la **BABILONIA CÓSMICA** como una guarida.

Apocalipsis 18:2 Y clamó fuertemente en alta voz, diciendo: ¡Caída es, caída es Babilonia la grande! Y es hecha habitación de demonios, y guarida de todo espíritu inmundo, y albergue de toda ave inmunda y aborrecible.

Los espíritus inmundos pretenden volver inmunda a la nueva creación de Dios. Su intención es usar el cuerpo del humano con fines inmundos, para ello necesariamente necesitan de un cuerpo humano, no matan; estoy insistiendo mucho en esto para que quede bien sabido y no confundir la forma en que operan porque, si lo que necesitan es un cuerpo que les sirva como medio de transporte, pueden usar también cuerpos de animales.

Por esto es necesario que todo tu ser: espíritu, alma y cuerpo, sean consagrados a Dios por amor primeramente, porque la consecuencia o el efecto secundario de tu consagración será que los espíritus inmundos no hallaran un receptor en tu vida; entran al cuerpo que tiene un receptor, donde ellos hallan el medio ambiente donde se puedan alojar, ahí entran sin oposición alguna, pero si tu vida está llena de Dios; cuando un espíritu inmundo busque alojamiento, ni siquiera te volteará a ver porque porque no hay compatibilidad entre lo santo y lo inmundo.

El Discernimiento de Los Espíritus Inmundos

La terminología bíblica de la esfera espiritual de las tinieblas considera varios términos en relación a los espíritus malos, por ejemplo, en la Biblia encontrarás lo siguiente:

1. **Espíritu maligno:** 10 veces en la biblia (diferente a malo porque son grados de depravación).

2. **Espíritu inmundo:** 21 veces en la biblia.

3. **Espíritu familiar:** 16 veces en la biblia.

4. **Espíritu malo:** 2 veces en la biblia (diferente a maligno porque son grados de depravación).

Cada uno es único en sus funciones y por eso se identifican de forma diferente uno al otro. El orden de estos espíritus es llevar a la degeneración a la persona creyentes o no, y afectar así la obra de Dios llamada **REGENERACIÓN**.

De estos diferentes tipos de espíritus, existen 3 grandes grupos:

1. Espíritus de tormento.
2. Espíritus inmundos.
3. Espíritus malos.

De aquí puedo decir que, si bien es cierto que son de las tinieblas, no todos tienen la misma función, ni piensan igual, no tienen la misma meta.

1.- ESPÍRITU DE TORMENTO

Este espíritu tiene como objetivo: obstaculizar, estorbar y afectar a la persona, operando de la siguiente manera:

1. Con temor y miedo.

2. Con enfermedades espirituales.

3. Con opresión y depresión.

2 Corintios 12:7 Y dada la extraordinaria grandeza de las revelaciones, por esta razón, para impedir que me enalteciera, me fue dada una espina en la carne, **un mensajero de Satanás** que me abofetee, para que no me enaltezca.

Algunos textos con relación a esta clase de espíritus son **2 Timoteo 1:7; Hechos 10:38; Isaías 60:1**.

2.- ESPÍRITUS INMUNDOS

Este tipo de espíritu opera a través de ataduras y adicciones; su propósito es hacer inmunda a la persona.

Marcos 5:1-3 Y llegaron al otro lado del mar, a la tierra de los gadarenos. ² Y cuando El salió de la barca, enseguida vino a su encuentro, de entre los sepulcros, un hombre con un espíritu inmundo ³ que tenía su morada entre los sepulcros; y nadie podía ya atarlo ni aun con cadenas…

Operan de la siguiente forma:

1. Con distorsión en el estilo de vida.
2. Con problemas sexuales de prostitución, pornografía, homosexualismo.
3. Con drogadicción, alcoholismo, lascivia.

Algunos pasajes **Marcos 1:23, 3:11, 5:2-8, 7:25, Hechos 5:16, 8:7.**

3.- ESPÍRITUS MALOS

Este espíritu es el que causa dolor, sufrimiento al alma, hace llorar y clamar de angustia.

1 Samuel 18:10 Y aconteció al día siguiente que un **espíritu malo** de parte de Dios se apoderó de Saúl, y éste deliraba en medio de la casa, mientras David tocaba el arpa con su mano como de costumbre. Saúl tenía la lanza en la mano…

1. Maldades.
2. Maligno.
3. Celos.
4. Muerte.

Algunos pasajes **1 Samuel 16:14-16 y 23, 18:10, 19:9; Hechos 19:12-16.**

En resumen, estos espíritus producen efectos negativos en las áreas de la vida de mucha importancia, actuando de la siguiente forma:

1. **El primero remueve la paz** – actividad asignada al espíritu de tormento.

2. El segundo ata al creyente – actividad asignada al espíritu inmundo.

3. El tercero es llevar a un estado de sequedad espiritual – actividad asignada al espíritu malo.

Como cada uno de estos espíritus en general, tiene un trabajo asignado, como una especialidad; de igual forma están asignados a diferentes partes del cuerpo humano:

- Los ojos son llenos de espíritus inmundos (**2 Pedro 2:14**).

- La boca y la lengua pueden llenarse de espíritus inmundos (**Santiago 3:6**).

- El alma puede ser llena de espíritus inmundos (**Job 7:15**).

- El corazón puede ser lleno de muchos espíritus inmundos (**Marcos 7:21**).

- Los genitales pueden ser llenos de espíritus inmundos (**Gálatas 5**).

- Los oídos puede ser llenos por espíritus inmundos (**Marcos 9:25**).

- La mente puede ser llena de espíritus inmundos (**Efesios 4:17-18**).

- Las manos y los pies pueden ser llenos de espíritus inmundos (**Mateo 12:10**).

Así es como tienen asignadas las áreas del cuerpo para poderlo controlar, de tal manera pueden manipular el alma también porque al final esa es su meta.

¿QUÉ HACE UN ESPÍRITU INMUNDO?

Saciar sus instintos a través del cuerpo y el alma que logra manipular, pero llega a un clímax cuando lo ha usado mucho tiempo; ha experimentado todo tipo de aberraciones hasta que finalmente ese cuerpo llega al límite, no puede exigirle más porque no tiene más que darle, entró en una rutina que dejó de saciar al espíritu inmundo, entonces lo que hace es buscar otro cuerpo y cuando tiene su próxima víctima, el cuerpo que ha estado usando, lo entrega a otro espíritu inmundo que tenga un nivel de depravación mayor para que al usar ese cuerpo, encuentre nuevas experiencias.

El primer espíritu inmundo usó el cuerpo para sacar de él lo que pudo hasta el nivel 1, pero al culminar, se traslada a otro espíritu que pueda manipularlo en el nivel 2 y así sucesivamente; esto es un ejemplo para darme a entender, sin embargo, aunque es una forma didáctica de enseñártelo, tiene su lógica por muchas razones; en determinado momento, cuando los espíritus inmundos lo desechan por completo, entonces es entregado a un demonio el cual lo que busca es la destrucción; el espíritu inmundo lo usó como medio de transporte, ahora el demonio lo destruirá.

EQUIPOS DE LIBERACIÓN

Capítulo 6

Es necesario saber que, siendo siervo de Dios con llamamiento para liberación, necesitas trabajar en conjunto con otros siervos de Dios que tienen el mismo llamado aunque cada uno tiene una función específica, de tal manera que al trabajar en equipo, haya una sinergia tal que no exista hueste de las tinieblas que los pueda detener. Si el equipo de liberación trabaja en el orden de Dios, El irá contigo y todo el equipo porque siendo Jehová de los ejércitos, no hay quién sea como El, experto en estrategias de guerra de todo tipo, sabe el tiempo y lugar en que debe desarrollarse una guerra para alcanzar la victoria.

Por eso, a estas alturas de lo que has estudiado en este libro y aun más, quizá en los 9 libros anteriores; ahora es necesario saber lo que está relacionado propiamente a los equipos de liberación para trabajar en unidad: **sujetarse a la autoridad inmediata que puedas tener** y saber que si estás en el orden debido y siguiendo los lineamientos del régimen jurídico de los derechos espirituales; los argumentos en una corte celestial a favor de la persona que estés liberando o con el equipo de lo estén haciendo, alcanzará la victoria deseada.

En el libro anterior me referí al entrenamiento de los guerreros espirituales y cómo el entrenamiento que un soldado romano recibía en la palestra, le servía y lo convencía de ser vencedor en el momento de salir a la batalla, al punto que no llevaba mentalidad de guerrero solamente, sino de victorioso, peleaba con la mentalidad que él ganaría y cuando regresaba lesionado, debía regresar a la palestra para ajustar el entrenamiento de lo que aun no estaba debidamente asimilado hasta que regresara de la guerra totalmente ileso.

De esa misma manera debes asimilar todo el entrenamiento que estás llevando en el ámbito espiritual; un buen ejemplo puede ser lo que sucede en lo natural cuando se considera a una persona para ser un cadete sujeto al intenso adiestramiento, no solamente para calificar en le sentido de poder ingresar a una escuela militar; sino para toda su vida; esto con el propósito que si llega el momento en que deba retirarse del ejército por cualquier razón, que esa persona siga viviendo bajo la misma disciplina militar, quizá no en el sentido armamentista, sino más bien en cuanto a estar entrenando físicamente como si el ejército lo fuera a necesitar en cualquier momento, tener la convicción propia que puede responder eficientemente para la guerra.

Así mismo debes vivir tú, como un cadete espiritual, someterte al entrenamiento militar espiritual para estar preparado en el momento que Jehová de los ejércitos te llame para la batalla y saber que tienes la convicción y solvencia que saldrás vencedor de cualquier batalla porque lo que un día aprendiste, lo sigues practicando; un día alcanzaste cierto grado de santidad la cual debes conservar y esforzarte por subir cada vez más.

También debes saber que en el ejército dentro del ámbito natural, existe otro tipo de personas, los cuales son llamados para cursar una carrera militar pero a corto plazo, de tal manera que con 2 años de servicio en el ejército, pueden retirarse y se olvidan de toda la disciplina que recibieron volviendo así a su vida secular normal, todo lo hacen forzados y quizá logran llegar al tiempo estipulado pero no aman la carrera militar.

Eso no sucede con el que inicia una carrera militar bajo la perspectiva de cadete, porque lleva en el corazón el deseo ferviente de seguir esa carrera toda su vida; es como una carrera universitaria, debe estudiar y someterse a exámenes, etc., debe ser disciplinado, tener todos los principios, con valores, ética, valentía, tener una cultura honorable, reconocer los rangos, las jerarquías, etc., y sin importar que un día deba retirarse, seguir viviendo bajo esa misma perspectiva y dispuesto a que un día pueda ser llamado por el ejército porque lo necesitan, quizá ya no en el campo de batalla, pero por su experiencia, lo llaman para que funja dentro de un consejo de guerra o una especie de consultor reconocido por los galardones que alcanzó mientras estuvo activo.

En lo espiritual, debes saber que el llamado que Dios te está haciendo es como de un cadete espiritual y sin importar la edad que tengas, seguirás perteneciendo al ejército de Dios de manera que Él puede llamarte en cualquier momento si guardas la disciplina que requiere la santidad.

Digo esto porque si bien es cierto que en determinado momento puedes alcanzar la santidad y que no haya demonio alguno que te haga retroceder, también debes saber que ese nivel de vida debes esforzarte por conservarlo, esforzarte por seguirlo viviendo porque el hecho de ser parte del equipo de liberación de Dios, es un privilegio que no cualquiera puede asimilar, además que no estás solo en ningún momento, si El te envía, es porque ya te ha dado la victoria y estará contigo adónde quiera que vayas, de tal manera que sin importar que debas enfrentarte a una potestad que tiene más de 6,000 años de experiencia en guerra espiritual; con la autoridad delegada que llevas de parte de Dios, la podrás ligar y atar para anular su operación.

Si has llegado al nivel espiritual que hoy estás viviendo y Dios desea usarte, debes sentirte agradecido con El porque todo lo que hagas en Su nombre será para gloria y honra de Su nombre.

¿QUÉ ES UN CADETE?

Es el primer grado otorgado al miembro de una institución militarizada que adopta la disciplina, con lo cual adquiere los mismos derechos y obligaciones que los miembros con rango le confiere, desde poder vestir el uniforme completo, hasta adquirir responsabilidades superiores mediante ascensos.

Debes saber que, el reino de Satanás no responde a cualquier autoridad sino a uno de mayor autoridad considerando entonces lo siguiente:

- Mayor sabiduría.
- Mayor poder.
- Mayor revelación.
- Mayor autoridad, etc.

Con esto debes saber entonces que para el cadete de un ejército, es un honor que le permitan usar el uniforme, un privilegio; si lleva el uniforme es porque lo encontraron apto para el entrenamiento al que se hará acreedor. Lo mismo sucede cuando eres miembro de un equipo de liberación y que a su vez ese equipo pertenece al ejército celestial de Dios; aun estando en la Tierra en la dimensión terrenal o natural, eres parte de los escuadrones de guerra de Jehová de los ejércitos que, estando en la Tierra, tienes influencia que repercute en los ambientes celestiales.

Obviamente que si tienes disciplina, eres honorable y respetas los rangos; también sabrás cómo enfrentar las batallas que menciona este versículo:

Efesios 6:12-13 (LBA) Porque nuestra lucha no es contra sangre y carne, sino contra principados, contra potestades, contra los poderes de este mundo de tinieblas, contra las *huestes* espirituales de maldad en las *regiones* celestes. **13** Por tanto, tomad toda la armadura de Dios, para que podáis resistir en el día malo, y habiéndolo hecho todo, estar firmes.

No obstante, debes reconocer los niveles de autoridad si vas a batallar, también debes saber cómo hacerlo para no traspasar los límites que pueda haber en el régimen jurídico de los derechos espirituales, un ejemplo a ese respecto lo puedo citar aquí:

Judas 1:8-10 (LBA) No obstante, de la misma manera también estos hombres, soñando, mancillan la carne, rechazan la autoridad y blasfeman de las majestades angélicas. **9** Pero cuando el **arcángel Miguel contendía con el diablo** y disputaba acerca del cuerpo de Moisés, **no se atrevió a proferir juicio de maldición contra él**, sino que dijo: El Señor te reprenda. **10** Mas éstos blasfeman las cosas que no entienden, y las cosas que como animales irracionales conocen por instinto, por estas cosas son ellos destruidos.

Según algunos diccionario del idioma griego, lo que significa la frase: **...no se atrevió a proferir juicio de maldición contra él...** es la idea de decir: **...somos del mismo nivel...** claro que el arcángel Miguel no está caído y Satanás si lo está; sin embargo en cuanto a niveles jerárquicos militares se trata, el arcángel Miguel dejó que la represión llegara de parte del Señor Jesucristo.

Entonces, si aquel gran guerrero de parte de Dios reconoció niveles de jerarquía, ¿por qué no lo puedes hacer tú?, no estoy diciendo que se le deba rendir homenaje y saludarlo con un saludo militar como lo hacen en lo natural; pero tampoco debes atreverte a proferir maldición en contra de él.

Hoy tú eres parte del equipo de liberación, no constituido por mi persona, sino por Jehová de los ejércitos; en todo caso lo que Dios me ha delegado es reconocerte quizá para habilitarte en ciertas misiones y que cuando vayas a batallar y liberar de parte de Dios, sea en Su orden con el propósito que tengas el poder completo.

Los Equipos de Liberación

Una vez que he establecido la introducción de este capítulo, ahora es necesario que sepas cómo se integra un equipo de liberación:

- **¿QUIÉNES LOS CONFORMAN?** Hombres y mujeres que tengan compromiso con Dios y la Iglesia, para servir donde el Señor te llamó a servir; no se equipa a gente para que anden en calidad de libertadores ambulantes de casa en casa ofreciendo sus servicios como si fueran vendedores de cualquier producto. Además la batalla es entre luz y obscuridad, la Biblia dice que las puertas del infierno no prevalecerán contra la Iglesia, no dice que las puertas del infierno no prevalecerán contra una persona; es un equipo que pertenece al organismo llamado Iglesia.

Otro punto que debes considerar en todo esto es que, cuando la Biblia dice: …no prevalecerán… está refiriéndose a un término militar que puede interpretarse: **…NO TE VAN A RESISTIR PARA SIEMPRE…** eso significa que habrá resistencia, pero cuando las tinieblas vean que en ti hay un poder superior, el diablo no lo soportará porque escrito está: **…someteos a Dios, resistid al diablo y el diablo huirá**. Si hay algo poderoso a lo cual el diablo le huye es al poder de la resistencia de un hombre o una mujer que conforman un equipo de liberación por el respaldo que tienen de parte de Dios.

Es necesario trabajar en equipo, moverte bajo sujeción y dentro de la ley geográfica de tu unción; es decir que Dios te unge para ser parte de un equipo de liberación y respaldarte dentro de la Iglesia o fuera de ella pero en casos especiales cuando eres enviado en una delegación. Cuando alguien se sale de los límites que Dios ha establecido, quizá lleva cierto poder, pero sin Su respaldo, de tal manera que el diablo puede ver que esa persona está solo y de esa manera lo atacará para que se sienta desprotegido y así destruirlo.

- **¿CÓMO OPERAN?** En sinergia colaborando con otros que tengan habilidad, capacidad y experiencia; aquí también puedo ver la importancia de trabajar en equipos porque en la unidad surge la sinergia.

- **TIENEN UNCIONES.** Diferentes unciones, dones, revelaciones, discernimientos, etc.

- **TIENEN ESPECIALIDADES Y RANGOS DE AUTORIDAD.** Eso significa que pueden ser servidores, diáconos, ancianos, ministros primarios, todo dentro de la Iglesia, pero están vinculados al equipo de liberación.

El mundo espiritual es muy exigente y demandante para seguir creciendo en el conocimiento que lleva a ejercitarte en la efectividad contra el mal.

2 Corintios 2:11 (VMP) ...a fin de que Satanás no gane ventaja alguna sobre nosotros; porque **no estamos ignorantes** de sus ardides.

- Cuando batallas contra fuerzas espirituales de maldad, debes saber que hay dimensiones en las cuales necesitas estar capacitado para vencer.

- También necesitas haber asimilado los principios de la efectividad para tener derechos de los poderes exógenos. Este conocimiento ayudará a no ir a las batallas en ignorancia y evitará lo menos posible ser víctima de ataques de contra golpe del enemigo.

- La palabra que se utilizó en el versículo anterior: **ARDIDES**, algunas versiones de la Biblia la traducen como **ESQUEMAS** o **PLANES**, esta palabra se deriva del término griego que significa **CONOCIENDO EL CAMINO POR DÓNDE VAS**.

¿POR QUÉ ES NECESARIO EL ENTRENAMIENTO?

Efesios 6:12 (Amplificada) Porque no luchamos con carne y sangre (contendiendo solamente con oponentes físicos), pero contra los despotismos, contra los poderes, contra (**los espíritus que son maestros o expertos**) los gobernantes mundiales de esta oscuridad presente, contra las fuerzas espirituales de maldad en la esfera celestial (sobrenatural).

La versión amplificada dice que el mundo espiritual tiene maestros o expertos en leyes, principios y estrategias de guerra; es decir que el **FACTOR IGNORANCIA** es la base de la derrota en las batallas porque una vez que sabes a quién te vas a enfrentar, también sabes positivamente que es necesaria la debida preparación.

Por eso, si perteneces al equipo de liberación, necesitas tener presente ciertos principios que están ligados a ti:

LAS PARTES LIGADAS A LA LIBERACIÓN

1. La parte militar: con el carácter.

2. La parte psicológica: con la esfera del alma.

3. La parte mística: con la parte espiritual equilibrada.

4. La parte jurídica: con la parte de principio y leyes espirituales.

Los Equipos de

Acción y Reacción

La razón del equipamiento y la impartición, es para poder ayudar de manera correcta a los necesitados:

- ¿Cómo puedo ayudar?

- ¿Quién es el que puede ayudar?

- ¿Quiénes necesitan ayuda?

¿Quiénes Deben Ayudar?

Nehemías 3:1 (LBA) Entonces el sumo sacerdote Eliasib se levantó con sus hermanos los sacerdotes y edificaron la puerta de las Ovejas; la consagraron y asentaron sus hojas. Consagraron la muralla hasta la torre de los Cien y hasta la torre de Hananeel.

Este versículo es muy importante mencionarlo por el nombre de sumo sacerdote Eliasib, por lo que significa: **al que Dios restauró**, **al que Dios levantó**. El principio de la liberación entonces me dice que alguien puede ser más efectivo cuando ha experimentado una liberación, por consiguiente lo que esa persona escucha en relación al tema de liberación, no lo deja caer a tierra porque no lo considera una teoría más; lo asimila como una educación que está recibiendo, es una capacitación necesaria a su vida porque comprobó que existen fuerzas de maldad; porque es muy diferente estar detrás de un púlpito enseñando acerca de guerra espiritual y otra cosa es haber participado en una liberación siendo el principal protagonista.

Hoy día a muchos les gusta el término **GUERRA ESPIRITUAL**, pero nunca han participado de una liberación, es más, cuando se presenta la oportunidad, lo primero que hacen es llamar a otros y ellos se retiran porque espiritualmente son confrontados por la falta de muchas cosas, quizá la primera sería la solvencia espiritual. Pero cuando alguien ha experimentado una liberación, esa persona no se amedrenta, sino más bien, busca estar en oración con Dios para que todo lo que haga y diga, sea puramente de parte de Dios y no por su alma.

Entonces, lo óptimo es que la persona que está dispuesta a libertar, haya participado de una liberación, no solamente siendo miembro de un equipo de liberación, sino que haya vivido lo que se siente que lo estén libertando, que verdaderamente haya sido libertado totalmente, en caso contrario, en su deseo de ayudar a otros, los puede dañar.

¿Cuál es el principio que debes aprender

siendo del equipo de liberación?

1. Lo que tengo te doy…
2. Dar por gracia lo que por gracia recibiste…
3. Restaura el restaurado.

Puedes ministrar liberación si eres libre y lo haces por amor a Dios en agradecimiento a lo que El hizo por ti, de esa manera puedes estar en la dimensión de restaurar porque has sido restaurado, en caso contrario puedes ser un combatiente con el buen deseo de ayudar a otros, pero vulnerable.

LA VULNERABILIDAD DEL COMBATIENTE

Cuando hablo de vulnerabilidad del **CREYENTE NO SANADO** de su pasado, es referirme a lo que los espíritus pueden usar para quitar la potencia a una liberación y ministración del alma y desviar el verdadero desarrollo de una liberación.

LAS COSAS QUE PUEDEN SUCEDER

Las siguientes cosas se dan en una persona dañada y no sanada, teniendo repercusiones estando en un equipo de liberación:

1. Si su conciencia está dañada, al escuchar algún problema similar o igual al que le hizo sufrir; le abrirá la herida nuevamente.

2. Le refresca los recuerdos dolorosos que lo lastiman cada vez más.

3. No podrá dar el mejor consejo al que lo necesita.

4. Entrará en otro tiempo de resentimiento, amargura, dolor, etc.

Es necesario que todo en lo que a ti respecta, sea puesto a los pies de Cristo para que seas verdaderamente libre, no puedes pretender ser una persona que no padece de emociones; con todo humano normal, eres un ser con un área emocional en el alma, de tal manera que cuando sufres una situación negativa, te hieren esa área dentro del alma la cual si no has sido verdaderamente libre y sanado, la herida seguirá abierta, sangrante y con dolor.

Por eso, si eres miembro de un equipo de liberación y tienes algún padecimiento en tu alma, en cualquier momento podrías estar escuchando la misma historia de lo que te sucedió y en lugar de aconsejar con sabiduría de Dios, lo harás por la herida que llevas en el alma y en lugar de ministrar al que necesite un consejo, serás tú el que se estará ministrando con la otra persona. En caso contrario, esa misma historia que puedas escuchar pero la herida en tu alma ahora es una cicatriz, puedes aconsejar por lo que Dios ponga en tu corazón en el preciso momento.

Hebreos 12:15 (LBA) Mirad bien de que nadie deje de alcanzar la gracia de Dios; de que ninguna raíz de amargura, brotando, cause dificultades y por ella muchos sean contaminados…

Existen 3 cosas de las más graves que la gente hace con el dolor:

1. Vivir y morir con el dolor.

2. Evitar sentir el dolor en el alma y pasarlo a la conciencia y espíritu.

3. El dolor que está en la mente, la trasladas a tu espíritu para NO sentir el dolor en nuestra alma.

Por eso es necesario permitirle a Cristo que El te sane; todos hemos sido víctimas en alguna situación en la vida que no escogimos, sin embargo, es tu decisión si quieres o no seguir siendo la víctima o ser sanado y convertirte en una persona con la madurez espiritual que puede ayudar y aconsejar.

En la medida que busques cerrar la brecha que puede causarte daño, estarás privando a Satanás de una de las armas más poderosas que tiene: **causar heridas a través de eventos negativos que se convierten en traumas**.

CLASES DE HERIDAS:

1. Las físicas: se pueden restaurar con tratamientos al cuerpo.

2. Las emocionales o mentales: son las que enferman al cuerpo hasta llevarlo a la debilidad y males físicos, aun más, pueden causar la muerte por enfermedades irreversibles.

3. Las espirituales: dan lugar a espíritus de las tinieblas.

¿Por qué debes saber esto? Porque los equipos de liberación del tiempo final, deben saber qué tipo de pecado pueden enfrentar.

Los Equipos de Liberación Tratando con Los Pecados

Tienes que estar consciente que cuando participas en una ministración y liberación, estás tratando con los niveles de pecado de las personas.

- Porque los pecados lo llevaron a caer bajo el dominio de un demonio.
- Pueden haber pecados personales.
- También pueden haber pecados ancestrales.

Observa lo que la Biblia dice acerca de los pecados más comunes en el tiempo final y la razón de verlos debe convertirse en una exigencia para ti en el hecho de no caer en tentación alguna por cuanto eres de un equipo que trata contra el pecado:

LOS PECADOS DEL MUNDO

Apocalipsis 9:20 Y el resto de la humanidad, los que no fueron muertos por estas plagas, no se arrepintieron de las obras de sus manos ni dejaron de adorar a los demonios y a los ídolos de oro, de plata, de bronce, de piedra y de madera, que no pueden ver ni oír ni andar; **21** y no se arrepintieron de sus homicidios ni de sus hechicerías ni de su inmoralidad ni de sus robos.

Según este pasaje, los pecados del mundo que no van a prevalecer; están prevaleciendo porque los días finales ya se hicieron presentes:

1. Obra de sus manos.

2. Culto a los demonios.

3. Idolatría (falsas religiones).

4. Homicidios.

5. Hechicerías (Pharmakia = drogadicción global, drogas legales o ilegales).

6. Inmoralidad (Pecados sexuales).

7. Robos.

Detallo todo esto porque es parte de las situaciones con las que te enfrentarás siendo miembro del equipo de liberación; claro que vas en el nombre de Jesús y Su unción estará contigo, pero son pactos que la gente ha hecho por falta de conocimiento y eso mismo los ha hecho prisioneros de las tinieblas, por consiguiente es a lo que te enfrentarás. Quiero resaltar el hecho que son pecados que la gente del mundo traerá en el momento en que inicien su carrera cristiana; pero son diferentes a los pecados de la Iglesia:

LOS PECADOS DE LA IGLESIA

1. **La falta de perdón**: Marcos 11:25-26 (perdonar para ser perdonado).

2. **Amargura**: Hebreos 12:15 (amargura que contamina a otros).

3. **Contiendas**: Santiago 3:16.

4. **Celos o envidias**: Santiago 3:16.

5. **Ira y enojos**: Efesios 4:31.

6. **Calumnias**: Efesios 4:31 (pecados de la lengua: murmuración, etc.).

7. **Incredulidad**: Hebreos 3:12.

8. **Inmoralidad sexual**: Efesios 5:3.

Debes saber que el trabajo en la obra de Dios, se ha incrementado porque el diablo sabe que le queda poco tiempo, por esa misma razón es que se ha proyectado en engañar al pueblo de Dios y que algunos estén con problemas que no han podido desarraigar de su alma; pero es necesario libertarlos en el nombre de Jesús porque muchos de ellos serán parte del equipo de liberación.

LA DIFERENCIA ENTRE EL PECADO DEL MUNDO Y EN LA IGLESIA

1. **El pecado del mundo**: es publico, es decir, no importa lo que la gente piense de lo que hacen.

2. **El pecado en la Iglesia**: los creyentes se esconden en la luz, es decir vienen a la Iglesia escondiendo sus pecados; si en realidad quieren ser diferentes, necesitarán confesar su pecado, denunciar al enemigo confesando con su boca qué es lo que aun padecen en calidad de pecado.

La realidad es que en ambos casos el pecado puede afectar, es decir los pecados del mundo y los pecados en la Iglesia; porque al final, el pecado no dejará de tener la misma consecuencia hasta que se desarraigue de la vida de aquel que anhela ser verdaderamente libre. Por eso debes entender que el reino de Satanás está diseñado para crear una interrupción total y completa en la vida de aquel que es afectado por las tinieblas.

Las Estrategias de Lucha del Combatiente en El Tiempo Final

LOS ESPÍRITUS EN EL TIEMPO FINAL

Las mayores batallas de todo creyente están basadas en lo siguiente:

- Abstenerse de pecar.
- Continuar en la fe.
- Alcanzar las promesas.

Empezaré explicando que el mayor desafío que tendrá una persona en la Tierra será lo que llamo **el desafío del pecado**.

Observa lo siguiente:

LAS 3 CATEGORÍAS DEL PECADO

1 Juan 2:16 Porque todo lo que hay en el mundo, la pasión de la carne, la pasión de los ojos y la arrogancia de la vida, no proviene del Padre, sino del mundo.

1. La pasión de la carne.

Crea las brechas para satisfacer el pecado de los deseos de la carne.

2. La pasión de los ojos:

Crea brechas de pecado viendo cosas prohibidas o tentadoras.

3. La soberbia de la vida.

Crea brechas de pecado a través del orgullo (**el pecado de Satanás Ezequiel 28:17**).

La Estrategia contra Los Combatientes

EL ARSENAL DE SATANÁS

En toda liberación es importante tener en mente que Satanás usa su arsenal en contra del combatiente. Por eso tu medida de exigencia en **INTEGRIDAD** es mayor que la del resto de la Iglesia porque eres parte de un **EQUIPO DE LIBERACIÓN**, porque es ahí donde Satanás buscará entrar para debilitarte.

Génesis 3:1 Y la serpiente era más astuta que cualquiera de los animales del campo que el SEÑOR Dios había hecho. Y dijo a la mujer: **¿Conque Dios os ha dicho**: "No comeréis de ningún árbol del huerto"?

Esto significa que Satanás siempre lleva a que los creyentes **CUESTIONEN LA PALABRA DE DIOS**. La estrategia del diablo es la siguiente: **si cuestionas la verdad dicha por Dios, igualmente cuestionarás tu integridad para crearte confusión**. Por eso fue que en el huerto Adán y Eva, al verse confusos, dijeron cosas que Dios no les había dicho.

LA ESTRATEGIA DE LAS MENTIRAS

Génesis 3:4 Y la serpiente dijo a la mujer: **Ciertamente no moriréis**.

Lo segundo que Satanás usa es la mentira.

Las estrategias de Satanás son: respuestas engañosas que puedan crear mentira, duda e incredulidad en el nivel de fe, es también cuestionar tu integridad para que haya confusión cuando habla con mentira.

La Ministración Personal

Significa la responsabilidad de limpieza personal, purificación, cambios en tu forma de pensar, de tomar decisiones, de ajustes en tu vida en orden de ser efectivos, porque si deseas ser miembro o ya eres parte de un equipo de liberación, necesitas tener cristalinidad en toda tu vida, que no haya nada escondido en pos de tener todo el respaldo de Dios y que Satanás no tenga argumento valedero en ningún momento.

LA MINSTRACIÓN PERSONAL DE TODOS LOS DÍAS

¿Qué cosas debes quitar, remover, librar, despojar, etc., de tu vida? Es el momento en que debes permitir que haya un escáner espiritual en tu vida y ministrarte para que seas limpio de toda acusación que pueda levantar Satanás en el momento de una liberación o una ministración.

Recuerda que siendo cadete, estás enlistado en el ejército celestial que comanda Jehová de los ejércitos y puede llamarte en cualquier momento, por consiguiente debes tener la disciplina de un militar natural o físico; estar preparado para salir a la batalla en cuanto escuches el llamado; eso significa que si hoy es el momento en que debes estar a cuentas con Dios, no lo pienses más y hazlo sin miedo; porque si no lo haces por miedo, debes saber que ese miedo es un ataque de Satanás para que no estés limpio, no estés solvente, para que tu integridad esté debilitada en el momento de una liberación, para debilitarte y que no avances, sino por el contrario, retrocedas.

LA MINISTRACIÓN DE LOS SENTIMIENTOS

Los resentimientos mantienen a las personas con actitudes equivocadas y con prejuicios sobre situaciones. Los resentimientos dan lugar a sentimientos débiles, inconstantes, de doble animo, etc. De aquí también puedo decir que es muy diferente tener carácter militar y mal carácter. El carácter militar es de autoridad pero no de imposición porque tus palabras llevan la autoridad que Dios te ha delegado.

Efesios 4:26-27 AIRAOS, PERO NO PEQUEIS; no se ponga el sol sobre vuestro enojo, ²⁷ ni deis oportunidad al diablo.

Efesios 4:26 (NT Peshitta-ES) ENÓJENSE, PERO NO PEQUEN; no se ponga el sol sobre su enojo…

(NTV) Además, «no pequen al dejar que el enojo los controle». No permitan que el sol se ponga mientras siguen enojados…

(LBD) Si se enojan ustedes, no cometan el pecado de dar lugar al resentimiento. ¡Jamás se ponga el sol sobre su enojo! Dejen pronto el enojo…

(BAF) Aunque alguna vez tengáis que enojaros, no permitáis que vuestro enojo se convierta en pecado, ni que os dure más allá de la puesta del sol.

El mal carácter en una persona puede hacer que en medio de la ministración o liberación, surjan los golpes; esto es aprovechado por el diablo cuando mira que alguien es resentido; por eso debes considerar que haya integridad en tu vida en todo momento y en todas las áreas de tu vida porque cuando existen altibajos, eso mismo está dentro de los esquemas que Satanás usa para atacarte y aprovecha cuando tu estado de animo es débil.

LA MINISTRACIÓN DE LAS PALABRAS

Efesios 4:29 (AF) No uséis palabras groseras; sea el vuestro un lenguaje útil, constructivo y oportuno, capaz de hacer el bien a los que os escuchan.

(LBD) Nunca empleen lenguaje sucio. Hablen sólo de lo que sea bueno, edificante y de bendición para sus interlocutores.

(BC4) No salga de vuestra boca palabra alguna dañada, sino la que sea buena para la oportuna edificación, para que comunique gracia a los que la oyen.

(BTA 2003) De vuestra boca no salga ningún discurso malo; sino los que sean buenos para edificación de la fe, que den gracia o inspiren piedad a los oyentes.

Cambia tu manera de hablar para tener autoridad en hablar los decretos de Dios. Recuerda que un gran porcentaje del éxito de las liberaciones, está basado también en la solvencia de los

DECRETOS, de tal manera que cuando llegas a ese nivel espiritual, tienes el respaldo en lo siguiente:

- En las ordenes.
- En las reprensiones.
- En las sentencias, etc.

Están en el poder de las palabras que usas en la guerra espiritual. Por eso mismo:

- Límpiate de maldiciones.
- Límpiate de palabras soeces o vulgares.
- Límpiate de toda murmuración, etc.

Recuerda que es una esfera de maldad y maldiciones.

Efesios 4:29 No salga de vuestra boca ninguna **palabra mala (corrompida)**, sino sólo la que sea buena para edificación, según la necesidad del momento, para que imparta gracia a los que escuchan.

La palabra resaltada, viene de un término griego que se pronuncia **Logos sapros:** podrido, corrompido, que no vale nada (literalmente o moralmente): corromper, malo.

El Apóstol Pablo sigue su recomendación diciendo:

Colosenses 4:6 Sea vuestra palabra siempre con gracia, sazonada con sal; para que sepáis cómo os conviene responder á cada uno.

Santiago también dice:

Santiago 3:11 ¿Acaso una fuente por la misma abertura echa agua dulce y amarga?

LOGOS SAPROS: AFECTA LA CAPACIDAD VERBAL

Científicamente:

Los lingüistas han descubierto que las groserías provienen de una zona del cerebro completamente diferente de cualquier otra forma de comunicación oral. Las investigaciones demuestran que los niños comienzan a pronunciarlas cuando cumplen 6 años o incluso antes.

El lenguaje normal o formal se encuentra en estas áreas llamadas: **Área de Broca y Área de Wernicke.**

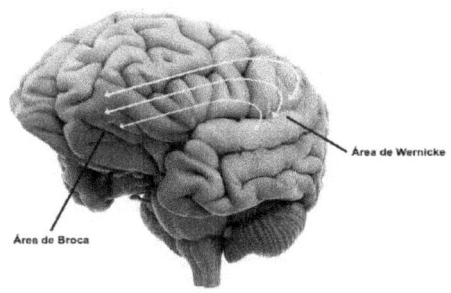

- Para el cerebro, las consideradas como palabrotas, ni siquiera son palabras, **sino grumos o coágulos de emoción**.

- De hecho no están almacenadas donde se halla el resto del lenguaje, **sino que se encuentran en otra área completamente distinta**.

- En cambio, las palabrotas, aparentemente, están almacenadas en el sistema límbico, un complejo sistema de redes neurológicas que controla y dirigen las emociones.

- El hecho de hablar mal con palabrotas, limita la habilidad y capacidad verbal del lenguaje de Dios.

- El cerebro se limita, se pone lento buscando otra palabra más sana y al no encontrarla se limita la creatividad.

- Es como que el cerebro estuviera afectado por alguna droga que le hace procesar de manera lenta la información.

- Busca y al no encontrar la palabra adecuada es cuando se siente profanada la capacidad verbal.

LA MINISTRACIÓN DE LAS EMOCIONES

Cuando hablo del carácter militar, no significa ser bravo, iracundo, muy enojado; sino disciplinado y con dominio propio. El carácter militar del cadete es lo que permite la disciplina para controlar tus emociones para que el enemigo no tome ventaja.

Efesios 4:31 Sea quitada de vosotros toda amargura, enojo, ira, gritos, maledicencia, así como toda malicia.

Necesitas trabajar con las emociones negativas para eliminarlas y no acumularlas en ningún momento.

Efesios 4:31 (NT BAD) Arrojen de ustedes las amarguras, los enojos y la ira. Las disputas, los insultos y el odio no han de hallar cabida en sus vidas.

(RV1995) Quítense de vosotros toda amargura, enojo, ira, gritería, maledicencia y toda malicia.

(KADOSH) Líbrense de toda amargura, arrebato de cólera, ira, imposiciones violentas, calumnias, y todo rencor.

LA MINISTRACIÓN DE LAS ÁREAS VIVAS O NO RENDIDAS

Las áreas no rendidas son las que le dan vida a la naturaleza carnal, por ejemplo: la zaranda de Pedro.

Razón: tenía todavía áreas de Simón, Simón.

Lucas 22:31-32 Simón, Simón, mira que Satanás os ha reclamado para zarandearos como a trigo; ^{32} pero yo he rogado por ti para que tu fe no falle; y tú, una vez que hayas regresado, fortalece a tus hermanos.

No pelees con grandes espíritus, cuando no has vencido las cosas pequeñas de tu vida.

Efesios 4:22 …que en cuanto a vuestra anterior manera de vivir, **os despojéis del viejo hombre**, que se corrompe según los deseos engañosos…

(LBD) ...**arrojen de ustedes su vieja naturaleza** tan corrompida y tan llena de malos deseos.

(BTA 2003) ...**a desnudaros del hombre viejo**, según el cual habéis vivido en vuestra vida pasada, el cual se vicia siguiendo la ilusión de las pasiones.

(BAD) Con respecto a la vida que antes llevabais, se os enseñó que **debíais quitaros el ropaje de la vieja naturaleza**, la cual está corrompida por los deseos engañosos;

(CST-IBS) Vosotros **echad fuera de vuestra vida esa vieja naturaleza** corrompida por los malos deseos.

Trabajando con lo arcaico:

2 Corintios 5:17 De modo que si alguien vive en Cristo, es una nueva criatura; **lo viejo ha pasado** y ha comenzado algo nuevo.

Las cosas viejas pasaron:

Viejo: (archaios), ία (ia), αἶον (aion): Strong 744; antiguo, viejo, que ha existido por mucho tiempo en un pasado relativo.

Pasaron: mucho tiempo atrás, literalmente, desde otra era.

LA MINISTRACIÓN DE LA VIDA DEVOCIONAL

Efesios 6:18 Con toda oración y súplica orad en todo tiempo en el Espíritu, y así, velad con toda perseverancia y súplica por todos los santos…

Mateo 17:21 Pero esta clase no sale sino con oración y ayuno.

Ayuno es: negarte o abstenerte de algo que afecte tú poder en la esfera espiritual, lo cual es como desviar tu atención de lo principal para que tu alma esté atrapada en cosas que no son de Dios.

Oración es: comunicarte con Dios, hablar con Él para saber qué hacer, es decir estratégicamente como salir a la batalla.

Sé proactivo y no reactivo, eso significa, práctica la guerra antes de tenerla, ¿cómo?, orando y ayunando. Es importante que los combatientes de liberación, mantengan una vida devocional verdadera para que haya una disponibilidad y consecuentemente efectividad en la batalla.

Mateo 17:21 (Jer 2001) Les dijo: "Esta clase con nada puede ser arrojada sino con la oración."

(BC4) Y les dijo: Ese linaje con nada puede salir si no es con oración y ayuno.

(CST-IBS) Les dijo: A demonios de este género no se les puede expulsar sino con oración.

RAZONES PARA AYUNAR

- Para tener victoria en el mundo espiritual y poder auxiliar a otros **(Mateo 17:15-21)**.

- Para romper con ataduras personales **(Isaías 58)**.

- Para arrepentimiento y retornar a Dios **(Joel 1, 2 y 3)**.

El alma: anula los apetitos carnales. **Gálatas. 5:19** - inmoralidad, impureza, lascivia, fornicación, adulterio.

Anula impulsos carnales: Salmos 35:19-19 **qué reacciones tenemos.**

Anula los vicios carnales: Gálatas 5:20 **pleitos, enemistades, celos, enojos, envidias.**

LA MINISTRACIÓN DE LA HUMILDAD

Filipenses 4:9 Lo que también habéis aprendido y recibido y oído y visto en mí, esto practicad, y el Dios de paz estará con vosotros.

Aprende de las experiencias de otros para que no tengas malas experiencias, eso es humildad. El poder hay que saber cómo ministrarlo en todo momento, porque cuando hay respaldo de Dios, cuando hay manifestación y señales de poder, podrías estar en peligro de ya no querer aprender porque puedes llegarte a sentir mejor que todos.

Filipenses 4:9 (KADOSH) Continúen haciendo lo que aprendieron de mí, lo que han oído y me han visto hacer; entonces YAHWEH, quien da Shalom, estará con ustedes.

(AF) La enseñanza que os he impartido, la tradición que os he confiado, lo que en mí habéis visto y oído, ponedlo en práctica. Y el Dios de la paz estará con vosotros.

(LBD) Sigan poniendo en práctica lo que aprendieron, recibieron, oyeron y vieron en mí, y el Dios de paz estará con ustedes.

(BDA2010) Practiquen asimismo lo que han aprendido y recibido, lo que han oído y visto en mí. Y el Dios de la paz estará con ustedes.

La santificación reduce el poder que tiene el pecado, el cual trata de gobernar otra vez la vida del combatiente.

1 Corintios 5:7-8 Limpiad la levadura vieja para que seáis masa nueva, así como lo sois, sin levadura. Porque aun Cristo, nuestra Pascua, ha sido sacrificado. **8** Por tanto, celebremos la fiesta no con la levadura vieja, ni con la levadura de malicia y maldad, sino con panes sin levadura de sinceridad y de verdad.

De manera que si has sido redimido y liberado, no puedes vivir con la **LEVADURA VIEJA**.

Si Dios te llamó, debes saber que El te quiere en muchas guerras, no habrá un tiempo de retiro como sucede en lo secular donde a la gente de la tercera edad los retiran; en Dios cuando llegas a la tercera edad es cuando vales un cúmulo de experiencias vividas; mientras eres joven aprovecha la fuerza que Dios te permite tener porque cuando llegues a una edad avanzada no tendrás fuerzas pero serás como un consejero del Rey de Reyes y Señor de Señores.

LOS ESCENARIOS DE LIBERACIÓN

Capítulo 7

Dentro de los escenarios de la liberación que mencioné en repetidas oportunidades a lo largo de este libro, quiero volver a citarlos para lo que voy a complementar en este capítulo:

- Los lugares celestiales (**Efesios 6**).

- La Tierra (**1 Pedro 2:11**).

- El inframundo (**Mateo 16:18**).

De estos 3 escenario, hay uno el cual debe ser más importarte: el escenario Tierra, porque es donde existes integralmente en espíritu, alma y cuerpo; aunque dentro de tu ser tripartito, existe un área que más sensible y consecuente debes cuidar, me refiero a tu alma. Por esa misma razón es sumamente sensible en que las batalla se prolonguen desde el nacimiento de una persona, hasta su final. Partiendo del alma, están otras áreas que se derivan de esta principal:

- **El alma**.
- La mente
- La voluntad.
- Las emociones.

De manera que voy a explicar ciertos conflictos en el alma y aunque hay algo que también lo he mencionado en otras oportunidades, quizá en otros libros; resulta que todas las ataduras tienen un génesis las cuales cuando surgen en el alma, no inician con nombre sino hasta que se ha establecido la atadura empiezan con nombres propios.

Ahora bien, es importante detectar el génesis de una atadura, porque es el momento cuando se liga a la mente, voluntad y emociones y la persona pierde su individualidad, su libre albedrio y quien lo domina es quien lo ató, sometiendo así a esa persona a toda situación que le impida progresar, le impide que su alma sea abundante.

Una vez que las ataduras permanecen, pasan a tomar nombre y es el momento cuando entra en escena un espíritu inmundo o un demonio y la atadura toma el nombre de atadura de pobreza, enfermedad, vicios, etc.

¿QUIÉNES PROVOCAN LAS ATADURAS?

Este es el escenario que trata con todo cristiano, significa las batallas personales en el alma.

1 Pedro 2:11 (R60) Amados, yo os ruego como a extranjeros y peregrinos, que os abstengáis de los deseos carnales que **batallan contra el alma**...

Los Campos de Las Batallas en El Alma

LAS BATALLAS DEL ALMA

Cuando llegas a la realidad que hay batallas en el alma, es cuando debes saber que existe el lado traicionero del alma.

- Dichas batallas se inician principalmente desde la etapa temprana en el desarrollo de crecimiento del niño o niña; aun más, puede haber batallas prenatales.

- En la edad adulta surgen esas manifestaciones de áreas que representan el lado traicionero del alma.

Recuerda que siendo seres trinos: espíritu, alma y cuerpo; cada área tiene un trato personal con Dios, pero el alma al ser la más sensible, puede afectar fuertemente a las otras 2 áreas. Aquí puedo hacer mención del orden cronológico de las intervenciones de Dios para rescatar completamente al ser humano, por ejemplo:

1. **Tu espíritu fue lo primero que Dios rescató** en el momento en que Jesús entró a tu corazón, tu espíritu recibió el favor de Dios siendo reconectado con El.

2. **Lo último que será rescatado es tu cuerpo**, porque la Biblia dice que en un abrir y cerrar de ojos serás transformado a un cuerpo glorioso.

3. **Si tienes el primero y el último, obviamente que la segunda área es tu alma**, aunque es la que más se prolonga. El problema aquí es que muchos desconocen la importancia que tiene el alma y la consecuencia es que les lleva más trabajo ceder algunas cosas a Dios.

El problema con esto es que por falta de sabiduría, la gente prefiere seguir viviendo sumida en sus problemas, con su alma dañada; cuando todo se resolvería entregando su mente, voluntad y emociones a Dios para la debida integración de su ser tripartito, a su estado original.

Cuando una persona está caída, es el alma quien lleva el liderazgo en su vida, de esa forma conquistó al cuerpo y el espíritu quedó sin poder decidir hasta que muere; es ahí donde la vida de esa persona se convierte puramente en una vida carnal, me refiero a la unión del alma con el cuerpo. Entonces, cuando llegó Jesús a esa vida, el espíritu humano es vivificado y es quien toma el papel de sacerdote en esa vida; ahí puedo decir que el área espiritual es conquistada para continuar con el alma y que de esa manera sea el ente que comunica entre 2 dimensiones, recibiendo del espíritu humano la influencia que proviene de Dios para hacérsela llegar al cuerpo pero debidamente procesada por el espíritu.

Por eso es importante conocer la importancia de ceder el derecho del alma, a los pies de Jesús, de otra manera no se puede llegar a conocer quién es en realidad el que está detrás de las batallas.

Base bíblica:

1 Tesalonicenses 5:23 (LBA) Y que el mismo Dios de paz os santifique por completo; y que **todo** vuestro ser, **espíritu, alma y cuerpo**, sea preservado irreprensible para la venida de nuestro Señor Jesucristo.

- Este pasaje ayudará a explicar las 2 primeras cosas que son importantes para definir, de tal manera que la santidad entonces no es solamente en 1 área del ser tripartito, sino, es una santidad integral.

LA FRAGMENTACIÓN DEL ALMA

En el versículo anterior resalté 4 palabras, siendo la primera la palabra **TODO**, la cual tiene un significado muy profundo:

Viene de un término griego que se pronuncia **HOLOKLEROS**, viene de la idea **COMPLETO**.

- Completo/Holokleros #3648. Completo en todas las partes y no en parte, es decir entero.

- **Antónimo**: dividido, partido en piezas, fragmentado.

- La única parte del ser que puede ser **FRAGMENTADA** es el **ALMA**.

- Especialmente en la mujer.

Un alma dividida o fragmentada es el factor para que no haya una integración del ser y que no esté en el estado que Dios establece para su venida. El problema con esto es que Satanás sabe esta situación, por lo tanto provoca que esa restauración sea muy prolongada en la vida de un cristiano y es la razón por la cual el ataque principalmente es al alma, porque el diablo puede bloquear el proceso de integración de la obra que Dios desea finalizar en el cristiano. Una de las cosas que puede golpear fuertemente el alma, al punto de fragmentarla, es un trauma, un evento negativo que golpee el alma de una persona.

LA COMPOSICIÓN DEL ALMA:

Por lo menos, lo que se conoce teológicamente es que el alma esta compuesta de 3 puntos principales:

1. **Voluntad.**
2. **Mente.**
3. **Emociones y sentimientos.**

Entonces, el campo principal de batalla en la Tierra es el alma, por eso lo que Dios desea es romper ataduras en la voluntad, en la mente, en las emociones y sentimientos para que después, por medio del poder del Espíritu Santo, reunir todas las piezas que estén fragmentadas, regresándolas al lugar que les corresponde estar, porque en alguna parte de esas piezas hay algo que Dios dejó y que colabora para que vuelva a integrarse; lo ampliaré más adelante.

El Campo de Batalla

EL ASIENTO DE LAS EMOCIONES DEL ALMA

1. En las mujeres son **2/3** de emoción.

2. En el hombre solo **1/3** de emociones.

Las áreas afectadas, en principio es en la libertad del pasado, por eso mismo es que los pensamientos negativos afectan en mayor porcentaje a las emociones en la mujer, las contaminarán, consecuentemente las emociones contaminadas afectarán al cuerpo al punto de enfermarlo.

EL DISEÑO DE LA MUJER

Dentro del diseño de la mujer, la parte más fuerte son sus pensamientos y emociones:

1. La capacidad de **IMAGINACIÓN** de la mujer es poderosa, por eso es necesario que sus pensamientos sean sanos.

2. La capacidad **EMOCIONAL** de la mujer es necesaria e importante que se mantenga saludable.

De manera que para fragmentar el alma de la mujer, el ataques estará enfocado en estás 2 áreas; el problema es que una vez el enemigo logra invadir esas áreas, puede pasar al área espiritual donde están los dones, revelación, inspiración, etc., puede incluso trastocar los dones a causa de un estado emocional y llevarlo a la imaginación y así afectar todo su entorno, sea esto en su vida personal o bajo una perspectiva netamente espiritual.

EL CEREBRO DE LA MUJER

Según los estudiosos en el área del cerebro; el cerebro femenino es experto en lo siguiente, siendo entonces la razón por la cual Dios desea restaurar el alma de la mujer:

1. Lee rostros.
2. Interpretar tonos de voz.
3. Analizar los matices emocionales.
4. El cerebro femenino es como una máquina emocional de alto rendimiento.

5. Da seguimiento minuto a minuto de las señales no verbales, de los sentimientos ajenos más íntimos.

Un ejemplo muy práctico que puedo mencionar respecto al punto número 5, es cuando una madre detecta los problemas difíciles que está atravesando un hijo; aunque por la misma razón que puede leer rostros, sabe cuándo sus hijos tienen problemas; aun las esposas logran discernir cuando el esposo tiene problemas.

Cuando ves en la Biblia el versículo que muestra la enemistad irreconciliable con Satanás, puedes pensar entonces que Dios dejó equipada a la mujer con el suficiente discernimiento a través de diferentes focos de detección; pero Satanás sabe qué es lo que ella tiene y por consiguiente necesita dañar ese don en la mujer para que no logre discernir cuando un demonio esté minando los ambientes. Por eso la mujer tiene un fuerte ataque de parte de Satanás, porque su propósito es que no sea totalmente restaurada en su discernimiento.

EL CEREBRO DEL HOMBRE

Según los científicos, la mayoría de los varones, no es apto para leer las expresiones faciales, ni los matices de emoción, especialmente los signos de tristeza y abatimiento. Los hombres se enteran que las cosas en casa no están funcionando como debieran, cuando ven llorar a una mujer.

LA EVOLUCIÓN NEGATIVA DE LAS EMOCIONES DE LA MUJER

Por esa razón, las mujeres evolucionaron hasta llorar cuatro veces más que los hombres, cayendo equivocadamente en los signos de tristeza y sufrimiento, es entonces donde comienza la **FRAGMENTACIÓN**.

DOS TERCIOS DE EMOCIONES EN EL ALMA DE LA MUJER

1. **Las mujeres emplean ambos lados del cerebro para responder a las experiencias emocionales.**

Científicos descubrieron que las conexiones entre los centros emocionales, eran también más activas y amplias en las mujeres. En las mujeres se encendieron 9 áreas cerebrales diferentes y en los varones solamente 2 áreas.

2. **Los hombres usan sólo un lado.**

La investigación también demuestra que es una característica de las mujeres, recordar los acontecimientos emocionales como lo pueden ser las primeras citas, vacaciones o graves discusiones, lo hacen más vívidamente y durante más tiempo que los hombres.

EL CEREBRO DE LA MUJER Y DEL HOMBRE

Según investigadores de la Universidad de Michigan:

1. **Los cerebros femeninos están preparados para generar proceso de afecto, odio y resentimientos con mayor énfasis.**

2. **Los hombres son por lo general prácticos y superficiales en la evaluación conductual de los procesos afectivos.**

Al final lo que debes notar es que el proyecto de ataque del enemigo es el siguiente:

LA FRAGMETACION DEL ALMA A TRAVÉS DE LAS EMOCIONES Y PENSAMIENTOS NEGATIVOS

Ecuación del pasado negativo:

Los pensamientos afectan las emociones y el cuerpo:

1. **Memoria negativa = pensamientos envenenados.**
   - Esto es como tener veneno en el sistema mental.

2. **Pensamientos envenenados = emociones contaminadas.**
   - Las emociones no son saludables.

3. **Emociones contaminadas = cuerpos enfermos (Vulnerables al ataque demoniaco).**
   - Muchas enfermedades son el resultado de los pensamientos envenenados.

La conexión fisiológica:

• Existe una conexión entre los pensamientos, las emociones y el cuerpo.

El 80 % de los problemas de la salud física, emocional y mental en la mujer, son el resultado DIRECTO de los pensamientos los cuales están alojados en el alma.

Una vez que están despejadas las dudas respecto al por qué tanto énfasis en el alma, ahora entro a desarrollar el punto central de este capítulo:

El Mundo Espiritual, Receptores, Emisores y Vectores

Dentro de los espíritus malignos, se encuentran los diferentes géneros que pretenden volver inmunda a la nueva creación de Dios.

1.- ESPÍRITUS METAFÍSICOS

Tienen la característica de hacer ruidos a través de golpes, mover cosas por los aires y en algunos casos se han materializado. La palabra **Metafísica** proviene del griego **metá** = más allá y **phisika** = lo físico, lo material, es decir más **allá de lo físico o material**.

Job 4:13-19 Entre pensamientos inquietantes de visiones nocturnas, cuando el sueño profundo cae sobre los hombres, [14] me sobrevino un espanto, un temblor que hizo estremecer todos mis huesos. [15] Entonces un espíritu pasó cerca de mi rostro, y el pelo de mi piel se erizó. [16] Algo se detuvo, pero no pude reconocer su aspecto; una figura estaba delante de mis ojos, hubo silencio, después oí una voz: [17] "¿Es el mortal justo delante de Dios? ¿Es el hombre puro delante de su Hacedor? **¹⁸** "Dios no confía ni aún en sus propios siervos; y a sus ángeles atribuye errores. **¹⁹** "¡Cuánto más a los que habitan en casas de barro, cuyos cimientos están en el polvo, que son aplastados como la polilla!

2.- ESPÍRITUS RECEPTORES

El término **RECEPTORES** quizá para algunas personas o creyentes no es muy familiar desde el punto de vista bíblico, sin embargo la función está en conceptos en las escrituras, así como la palabra **CULTURA,** pero está en conceptos en toda la Biblia.

Estos espíritus están por dentro y son como pistas de aterrizaje que anuncian al emisor el momento en que la puerta del alma está abierta, sea del hombre o la mujer; es un espíritu que invita a otros a venir; por eso mencioné anteriormente que el alma puede estar afectada prenatalmente aunque el alma de niño o niña en el vientre aun no decida, su mamá lo puede hacer y automáticamente contaminar el alma del ser que lleva dentro.

Otra forma puede ser desde el momento de la concepción, en el momento del engendramiento de la simiente, puede ser que uno de los padres tenga su alma afectada y desde el primer segundo de vida, ese ser queda afectado en su alma. Ahí es donde Satanás aprovecha para poner un receptor al que aun no ha nacido pero el receptor fue instalado debido a todo el proceso ancestral.

El principio que puedes ver aquí entonces es que, debe existir un receptor para que el emisor pueda dejar una semilla de las tinieblas.

¿QUÉ ES UN RECEPTOR?

Las áreas que más frecuentemente los espíritus acechan y afectan dentro del alma o cuerpo de una persona, se debe a que hay algo que los atrae y que funciona como receptores.

Concepto técnico de receptor: es un aparato que recibe señales, por ejemplo: la televisión, la radio, el teléfono aunque también funciona como emisor pero el concepto general y para efectos didácticos me sirve mencionarlo.

Los receptores del diablo son con fines de contaminar y si es posible de matar.

1 Reyes 22:21-22 Entonces un espíritu se adelantó, y se puso delante del SEÑOR, y dijo: "Yo le induciré." ²² Y el SEÑOR le dijo: "¿Cómo?" Y él respondió: **"Saldré y seré espíritu de mentira** en boca de todos sus profetas." Entonces El dijo: "Le inducirás y también prevalecerás. **Ve y hazlo así.**"

Receptor de mentira: recibía profecía para Jezabel pero solo lo que ella quería oír.

Emisor: espíritu de mentira.

El espíritu de mentira encontró quién estaba esperando una mentira y ahí llegó; de esa misma forma funcionan todos los emisores y receptores, entran donde los están esperando, donde hay un ambiente que los hará sentir cómodos.

Por eso es que existen personas que fueron violadas siendo niños o niñas, pero no buscaron ayuda por la acusación que aprovechó el diablo y se los hizo creer durante toda la vida hasta que ellos formaron su propia familia y al engendrar su descendencia, ahí les transmitieron el receptor de violación lo cual fue de generación en generación porque al existir ese receptor, entonces llega el emisor con toda la seguridad del caso en que no será rechazado.

DINÁMICA DE LA COMUNICACIÓN DE LOS ESPÍRITUS

EMISOR

Un espíritu que envía señales de influencia desde los aires buscando dónde lo reciban.

RECEPTOR
Es algo en el interior de una persona que tiene la capacidad o probabilidades de recibir la influencia de un espíritu.

Capacidades en el receptor: esto implica leyes, derechos, ancestros que amplifican la señal de receptor.

Esto mismo se mueve en todos los ámbitos porque el principio es el mismo, se necesita un receptor para que llegue un emisor; sea esto de muerte, de enfermedad, de robo, de asalto, de violación, etc.

LA CONTAMINACIÓN CON RECEPTORES

1. Los ancestros.
Cuando se llega a un nivel de iniquidad, es cuando la contaminación de espíritu se traslada a la descendencia, entiéndase con esto, receptores.

Éxodo 20:5 (LBA) No los adorarás ni los servirás; porque yo, el SEÑOR tu Dios, soy Dios celoso, que castigo la iniquidad de los padres sobre los hijos hasta la tercera y cuarta generación de los que me aborrecen…

2. La niñez.
El ambiente en el cual se participa hace que se reciban receptores.

2 Samuel 4:4 (BNC) Un hijo de Jonatán, hijo de Saúl, tenía cinco años; y al llegar de Jezrael la noticia de la muerte de Saúl y Jonatán, le tomo la nodriza para huir con él, y en la precipitación de la fuga le dejó caer y quedó rengo; se llamaba Mefibaal. (Mefi-bóset).

3. La vida sin Cristo en el mundo.

Efesios 2:1-2 (TKI) Ustedes estaban muertos por sus pecados y actos de desobediencia, ² caminaban en las sendas del mundo y obedecían al gobernador de los poderes del aire, que todavía está operando en los desobedientes.

Esto está íntimamente relacionado con la gente que ha estado batallando toda su vida con determinadas situaciones y no encuentran la forma de cambiar aquello; quizá un espíritu de pobreza, de enfermedad, etc. Por eso es necesario que haya una ministración pero que se reconozca la necesidad de hacerlo para que la persona que se ministre, sea totalmente transparente sin importar qué tipo de vergüenza pueda pasar; es mejor que pase un momento de vergüenza y el resto de su vida en total libertad en Dios.

LISTA DE ALGUNOS RECEPTORES

El enemigo buscará la forma de instalar un receptor de cualquier clase para que adonde vaya esta persona le persigan siempre los mismos males, por ejemplo:

1. Miedo.
2. Muerte.
3. Pobreza.
4. Sexo ilícito.
5. Violación.
6. Amargura.
7. Depresión.
8. Drogadicción.
9. Alcoholismo, etc.

Santiago 1:14-15 (TKI) En cambio, cada uno es tentado cuando es arrastrado y es incitado por la carnada de **sus propios deseos y atrapado**. [15] Entonces, habiendo concebido, el deseo pare al pecado, y cuando el pecado está completamente crecido, pare la muerte.

SIN RECEPTORES POR DENTRO

Cuando el mensaje enviado no encuentra receptor, la transmisión es abortada sin llegar a cumplir la misión del enemigo, los planes de Satanás quedan sin efecto; como una señal de radio que nunca encontrará dónde entrar porque no tiene la misma frecuencia.

Juan 14:30 (BLA) Ya no hablaré mucho más con ustedes, pues se está acercando el que gobierna este mundo. **En mí no encontrará nada suyo**…

Es de suma importancia anular totalmente los receptores donde el enemigo pueda enviar emisores de maldad, de tal manera que el enemigo ni siquiera volverá la vista para lanzar ataque alguno en contra tuya porque sabrá que si lo intenta, estará perdiendo el tiempo.

Es interesante que, cuando has tenido algun receptor y de pronto Dios te ha libertado y anulado todo receptor de las tinieblas de tu vida; cuando sientes el olor o disciernes que hay un emisor de aquello que tanto daño te pudo haber hecho; sientes repugnancia, y cuando disciernes a una persona con el mismo problema que tuviste; sientes misericordia y buscas la forma de cómo libertarlo si te busca para que lo ayudes.

3.- ESPÍRITUS EMISORES

Estos trabajan como encargados de emitir una señal de tentación, pasión, etc., a la persona que desean afectar, este trabaja en unidad con el espíritu **receptor**.

Observa este ejemplo:

Receptor: eran problemas sexuales que por medio de Judá habían sido puestos.

Génesis 38:13-16 Y se lo hicieron saber a Tamar, diciéndole: He aquí, tu suegro sube a Timnat a trasquilar sus ovejas. ⁴ Entonces ella se quitó sus ropas de viuda y se cubrió con un velo, se envolvió bien y se sentó a la entrada de Enaim que está en el camino de Timnat; porque veía que Sela había crecido, y ella aún no le había sido dada por mujer. ¹⁵ Cuando la vio Judá, pensó que era una ramera, pues se había cubierto el rostro. ¹⁶ Y se desvió hacia ella junto al camino, y le dijo: Vamos, déjame estar contigo...

Concepto técnico de emisor:

El emisor es aquella fuente que genera mensajes, información que emite o envía a través de un canal hasta un receptor, perceptor y/u observador.

Un emisor puede ser un aparato, por ejemplo: una antena o un emisor humano, como lo puede ser un locutor. La palabra **emisora** deriva de emisor, es decir, que emite por medio de las ondas hertzianas.

Concepto bíblico de emisor:

2 Samuel 12:4 Vino un viajero al hombre rico y éste no quiso tomar de sus ovejas ni de sus vacas para preparar comida para el caminante que había venido a él, sino que tomó la corderita de aquel hombre pobre y la preparó para el hombre que había venido a él.

EL VIAJERO DE DAVID

El fantasma genético de David es lo que hacen los padres y afecta a los hijos, por ejemplo:

1.- **10 generaciones antes en la línea de David.**

2.- **Los problemas de David.**

3.- **Los problemas de los hijos de David.**

Aquí puedes ver claramente cómo afectó a David en forma ancestralmente, existencial y en su descendencia.

Una de las verdades que en la Biblia puedes aprender es lo que significa, **el impacto a largo plazo de los estragos familiares**, esto aunado al principio que tiene un cumplimiento efectivo entre la ley de la comunicación, el emisor y el receptor; sencillamente se cumple hasta que hay una intervención divina de parte de Dios para romper esa línea generacional de maldición y que la persona pueda tener la oportunidad de heredar bendición a sus descendientes y que en el momento que el enemigo busque algo en tus hijos e hijas, puedan decir: **no hallará nada en mí**, como lo dijo Jesús.

4.- ESPÍRITUS VECTORES

Estos espíritus son muchas veces los que después de haber sido expulsados de algún cuerpo, se quedan en la ropa de alguien, de tal manera que la persona que usa esa ropa, son el medio de transporte y luego saltan a otro cuerpo que tenga la misma área de pecado que tenía la otra persona de donde sacaron a esos espíritus.

Concepto técnico:

Vector es un término que deriva de un vocablo latino y significa: **que conduce**. Un vector es un agente que transporta algo de un lugar a otro.

Concepto bíblico:

Judas 1:23 ...a otros, salvad, arrebatándolos del fuego; y de otros tened misericordia con temor, aborreciendo **aun la ropa contaminada por la carne**.

(CST-IBS) Salvad a cuantos podáis, arrebatándolos del fuego eterno. Compadeceos de otros, y ayudadlos; pero no os dejéis arrastrar por sus propios pecados, sino más bien aborreced **hasta las ropas que hayan contaminado con sus acciones inmorales**.

(DHH) A unos sálvenlos sacándolos del fuego, y tengan compasión de otros, aunque cuídense de ellos y aborrezcan hasta **la ropa que llevan contaminada por su mala vida**.

El estilo de vida que lleva una persona, está inclusive en la ropa o puede ser que lleve vectores.

¿DÓNDE ESTÁN LOS VECTORES?

- **En ropa que se compra usada** (mejor comprar nuevas).

- **Muebles antiguos** (no sabes quién se sentó en una silla que hayas comprado, que pasó, para que la usaron, quién fue el dueño).

- **En joyas** (anillos de alguien que murió, a veces anillos de matrimonios que los vendieron después de un divorcio, prendas que sirvieron para pactos sentimentales, etc.).

- **En residencias que fueron ocupadas** (se cometió algún crimen, quienes vivían eran practicantes de algún culto de tinieblas, las familias peleaban mucho, etc.).

Es importante para una mujer no ponerse un velo de otra persona sobre su cabeza sino está segura el nivel de consagración que tiene.

5.- ESPÍRITUS ÍNCUBOS Y SÚCUBOS

Estos espíritus llegan a tener relaciones sexuales con hombres y mujeres.

Íncubo: del latín incubare, el prefijo **IN** significa sobre y **CUBARE** quiere decir acostarse, o sea acostarse sobre.

El íncubo es una clase de demonio que toma la forma masculina para tener relaciones sexuales con una mujer. Son los demonios que mientras duermen las personas, experimentan primeramente sueños eróticos.

Súcubo: Es un demonio que asume la forma de una mujer hermosa para tener relaciones sexuales con un hombre. El nombre viene de la palabra latina que quiere decir acostarse debajo.

1. Ataca a parejas que no pagan su deber conyugal.

1 Corintios 7:5 No os privéis el uno del otro, excepto de común acuerdo y por cierto tiempo, para dedicaros a la oración; volved después a juntaros a fin de que Satanás no os tiente por causa de vuestra falta de dominio propio.

2. Ataca a solteros (solteros nunca casados, divorciados, abandonados, separados).

3. Ataca a los influenciados por pornografía.

Mateo 6:23 Pero si tu ojo está malo, todo tu cuerpo estará lleno de oscuridad. Así que, si la luz que hay en ti es oscuridad, ¡cuán grande no será la oscuridad!

4. Ataca a los que practican la autosatisfacción sexual.

Romanos 1:24 Por consiguiente, Dios los entregó a la impureza en la lujuria de sus corazones, de modo que deshonraron entre sí sus propios cuerpos...

El Mundo Espiritual de Los Nahuales

LAS POSESIONES DEMONÍACAS DE ANIMALES

El primer dato bíblico de una posesión demoniaca en un animal es en **Génesis 3**; Satanás entró en una serpiente en el huerto del Edén.

Génesis 3:1 (LBA) Y la serpiente era más astuta que cualquiera de los animales del campo que el SEÑOR Dios había hecho. Y dijo a la mujer: ¿Conque Dios os ha dicho: "No comeréis de ningún árbol del huerto"?

Otra base bíblica que puedo citar es cuando el Señor Jesús liberó al gadareno, y los espíritus pidieron entrar a los cerdos.

Lucas 8:33 (LBA) Los demonios salieron del hombre y entraron en los cerdos; y la piara se precipitó por el despeñadero al lago, y se ahogaron.

Otro ejemplo acerca de los animales que son blanco de demonios, es lo que menciona el libro de **Apocalipsis:**

Apocalipsis 16:13-14 (LBA) Y vi salir de la boca del dragón, de la boca de la bestia y de la boca del falso profeta, a tres espíritus inmundos semejantes a ranas; **14** pues son espíritus de demonios que hacen señales, los cuales van a los reyes de todo el mundo, a reunirlos para la batalla del gran día del Dios Todopoderoso.

Esto no es solamente para ver quien es este personaje escatológicamente, sino que permite ver la contaminación de espíritus inmundos y de demonios que se puede dar a través de palabras, a través de la boca de alguien que lanza maldiciones.

LA RAZÓN DE LA POSESIÓN DE ANIMALES

Un animal es posesionado para que opere como un espíritu nahual el cual se conectará con un hombre que tiene un espíritu de brujería, un chamán, un sacerdote satánico que está influenciado por el nahual.

Espíritus Naguales: Este espíritu es el que mora en algunos animales que luego vienen al ser humano, llevándolo a comportarse como tal.

Una persona nahual entiende el lenguaje de un animal poseído y habla con él. Un hombre con un espíritu nahual puede convertirse en el animal con el que tiene conexión.

LAS CUNAS ARCAICAS DE LOS NAHUALES

Esto no es nuevo, se ha venido practicando desde tiempos pasados, lamentablemente los equipos de liberación y la Iglesia lo han dejado de considerar.

Los brujos, chamanes y sacerdotes de cultos y ritos de tinieblas, siguen usándolo desde sus cunas arcaicas las cuales son del Sur de México, Guatemala, El Salvador, Belice, el Oeste de Honduras, Nicaragua y Costa Rica.

Los brujos y chamanes pueden establecer un vínculo muy cercano con sus nahuales, lo que les da una serie de ventajas que ellos saben aprovechar.

Por ejemplo:

- La visión del gavilán.

- El olfato del lobo.
- El oído del ocelote.

Estas habilidades pasan a ser herramientas de estos personajes y los más preparados pueden hasta adquirir la forma de sus nahuales.

TRANSFORMACIONES NAHUALES

Tipos y definiciones de los fenómenos de humano a animales:

1.- Teriantropía: es la supuesta habilidad de cambiar de forma humana a animal y viceversa.

El término **teriantropía** es usado para describir un concepto espiritual en el que el individuo cree que tiene un espíritu animal, ya sea en su totalidad o en forma parcial.

2.- Theriomorphic: una transformación a lo bestia, esta palabra está en apocalipsis cada vez que se menciona la palabra bestia.

3.- Teriántropos: existen en las mitologías, evidencias han sido encontradas en antiguos dibujos en cavernas y en antiguos jeroglíficos egipcios.

La etimología es: **teriántropo**, que significa **parte hombre y parte bestia**, el cual proviene del idioma griego.

Therion, significa **animal salvaje** o bestia.
Anthrōpos, significa **hombre**.

Otro ejemplo: fue durante el período de la inquisición del siglo XVI, se decía tener documentación sobre la teriantropía en mortales, específicamente refiriéndose a la licantropía. De aquí la película del hombre lobo y Drácula.

La teriantropía vino a convertirse en una creencia espiritual de la transformación animal en 1915.

En la actualidad, en México, se le ha dado el nombre de nahuales a los brujos que pueden cambiar de forma; existen muchas regiones donde es muy fuerte el movimiento diabólico de los nahuales, aunque también en África, Haití, Cuba y Perú.

CARACTERÍSTICA DEL NAHUALISMO

Jaguares: chamanes y jefes mayores.

Ocelotes: Jefes políticos menores.

Coyotes: hombres más notables.

Zarigüeyas: gente más común.

El nahualismo no es realmente un rasgo cultural, es una palabra que con su aplicación constante se ha hecho realidad; su acepción: **NAHUAL = BRUJO QUE SE TRANSFORMA**, aplicable a los individuos capaces de convertirse en animales, esto está relacionado a una serie de fenómenos y conjunto de creencias y prácticas de ocultismo.

- El nahualismo como creencia perfectamente identificada es vinculada a una religión.

- El nahualismo es la relación entre la persona y el animal y la especie a que pertenece.

- La creencia en el nahual constituye la forma de expresar el lugar del individuo dentro del mundo espiritual y de relacionar su destino con la estructura de poder de la comunidad.

GRUPOS DE NAHUALES

Relación hombre-animal: se da cuando habitantes de una comunidad poseen un mismo animal y mantiene con este, una relación muy estrecha y comparten los mismos rasgos de carácter.

La identidad Nahual: el animal representa al individuo y la identidad es secreta, no la conoce más que el hombre que lo acompaña.

Los vínculos Nahuales: los individuos poseen un animal con quién se vinculan tan íntimamente, que mantienen rasgos de carácter muy común.

Relación y forma Nahual: el individuo está relacionado con el animal desde su nacimiento y puede adoptar su forma, aunque en ocasiones puede adoptar otra con el que no había sido asignado desde su nacimiento y hasta su muerte.

LIBROS DE LA SERIE
Equipamiento Integral para Combatientes de Liberación

#6 SERIE EQUIPAMIENTO INTEGRAL PARA COMBATIENTES DE LIBERACIÓN

EL ALMA VIVIENTE
SANIDAD INTERIOR #2

DR. MARIO H. & PASTORA LUZ RIVERA

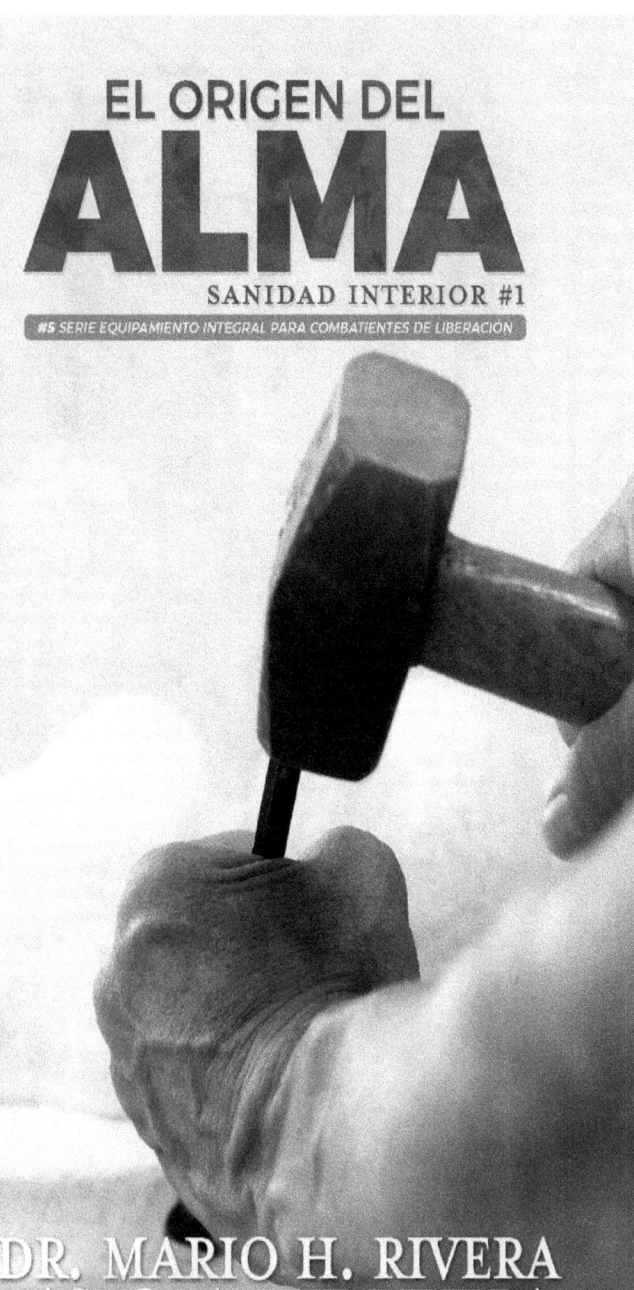

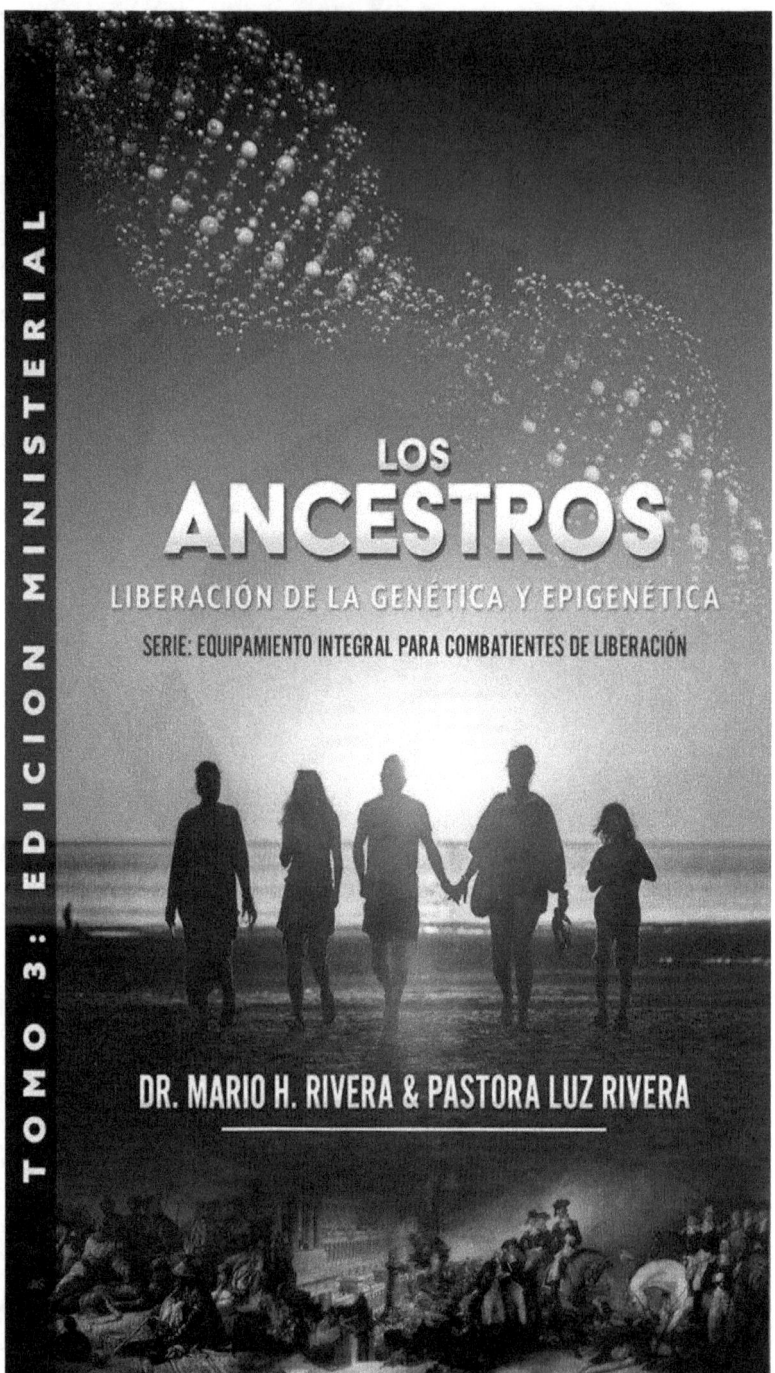

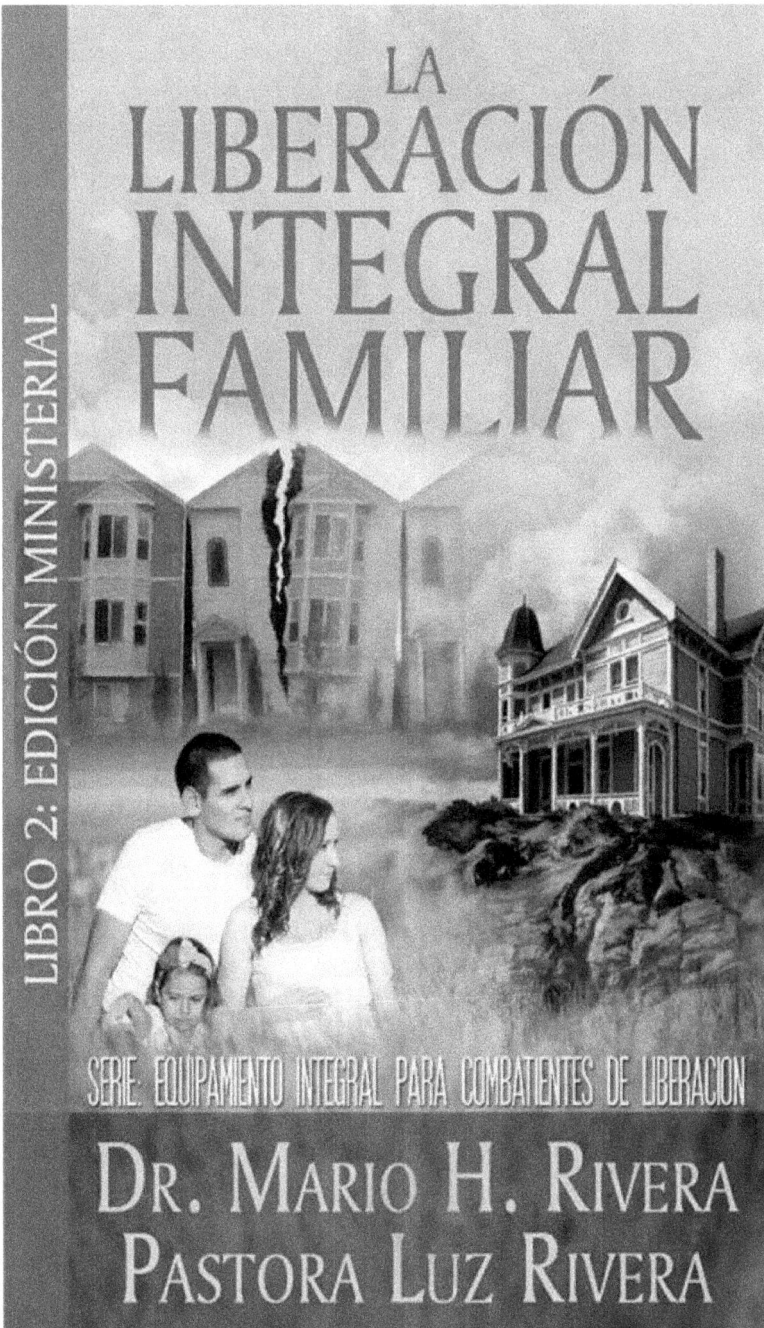

www.ingramcontent.com/pod-product-compliance
Lightning Source LLC
Chambersburg PA
CBHW071702160426
43195CB00012B/1550